공학도를 위한

# 창업과 경영

강봉희 · 김미혜 공저

도서출판 GS인터비전

# 머리말

마음속에 늘 품고 있던 생각을 끄집어내어 행동으로 옮기는 것은 그리 쉬운 작업은 아니라는 것을 이번에 경험 할 수 있었다. 여러 사람의 도움으로 경영학 관련 과목의 강의를 꽤 오래 해 오면서 강의교재를 선정하여 사용하면서도 아쉬운 부분을 느끼고 있었고, 교재를 쓰신 저자들을 부러워하기도 했다. 사람들은 흔히들 말한다. "네가 한번 해보라고…, 아쉬우면. 네가 하면 되잖아." 그 말은 항상 내 귀에 맴돌았던 것 같다. 특히, 창업과 관련하여서는 실무와 직결되는 부분에 대해서 경험하지 않고는 학생들에게 강의하고자 하는 마음이 선뜻 내키지 않았다. 그래서 실제적으로 몇 년의 모니터를 거쳐서 핵심역량을 가지고 있는 여러분을 창업컨설팅을 도와드렸고, 그 중에 몇 분은 경영학을 전공하지 않았음에도 불구하고 자신이 가지고 있는 Core Key Factor를 개발하여 경영자로서 부단한 노력을 하고 있고, 즐겁게 생활하고 있다.

이 교재는 학생들이 전공과 관련해서 자신이 관심 있어 하는 분야에서 적합(Fit)한 아이디어를 창출해 내고 그것을 가지고 본인이 직접 사업계획서를 작성해 보는 것을 목적으로 한다. 그 과정에서 개인적으로 느끼고(Gap) 경험하는 부분(Commitment)을 통해서 작게는 자신에 대한 긍정적 강화를 기대하고 ,크게는 실제로 시장경제에 뛰어들어 도전 해 봄으로써 적극적이고 무엇인가를 창출 해 낼 수 있다는 성취감과 자신감을 기대해본다.

모든 것은 때가 있다고 했던가!!

마치 주차장에 차를 parking할 때가 연상된다. 주차공간을 발견하였을 때 그곳에 바로 주차를 할 것인가, 말 것인가 하는 순간적인 선택을 해야 할 때가 있다. 어떤 때는 다른 곳을 더 찾아보다가 주차를 못 할 경우도 가끔 있다. 막상 주차 공간이 있어도 제대로 parking할 수가 없어서(능력) 당황하는 경우도 있다. 이번 교재를 쓰게 된 지금이 그때인가 보다. 부족함을 인정하면서 용기를 냈다. 출판을 허락하신 GS인터비전 송기수 사장님께 감사하며 창업경진대회 때의 인연으로 만난 유은실 학생에게도 고마움을 전한다.

여행 중에 가장 먼 여행이" 머리에서 가슴으로까지의 여행이 가장 길다"라고 회자되고 있고, 평생을 두고 해야 하는 여행이 "가슴에서 손끝, 발끝까지의 여행"이라고들 말한다. "실천"을 요구하는 글귀라 생각된다. 이 책을 통해서 학생들이 조금은 자신이 가지고 있는 Core Key Factor를 발견하고, 밖으로 끄집어내어 작은 결과물이라도 만들어 낸 다면 참! 고마울 것 같다.

2010년 2월

저자일동

# 차 례

머리말

차 례

# PART 1

# From Cradle To Grave!
(요람에서 무덤까지)

Chapter 1

# 경영 CEI(Chief Executive I)에서 CEO(Chief executive officer)로

## 1.1 나를 경영해야 하는 이유

한 사람이 세상에 태어나서 죽기까지 수없이 많은 사람들과 사건들을 경험하게 된다. 그 과정 속에는 시간이 흘러감에 따라 항상 변화하는 환경요인 들이 작용하고 있다. 그 환경요인은 개인 스스로 조정이 가능한 미시적인 환경 또는 1차적인 환경(가족·친구·동료 등)과 혼자의 힘으로는 조정이 불가능 하므로 그 환경에 적응 해 나갈 수 있는 전략이 필요한 거시적인 환경 또는 2차적인 환경(사회적·정치적·경제적·기술적·글로벌 등) 이 있다.

그럴 때마다 사람은 자신이 처한 환경에서 크고 작은 문제를 해결하기위한 의사결정을 해야만 한다. 곧 **스스로가 자신을 경영 해 나가는 경영자**가 되는 것이다.

## 1.2 경영의 개념직 정의

### 경영이란? (What is management?)

경영의 사전적 정의에 따르면 재정을 제외한 가계·기업·기타 국민 경제를 구성하는 개별 경제의 단위라고 요약정의 되어 있다. 경영은 경영학의 연구대상을 이루는데, 경영학의 방법론의 상의에 따라 여러 가지 의미로 사용된다. 특히, 미국의 경영학은 개방시스템에서의 관리(Managing)

의 개념으로 경제성의 원리에 따른 개별경제의 활동으로 보고, 경영의 대상을 영리·비영리 조직을 포함한 경영활동의 의사결정과정 시스템으로 인식하고 있다.

따라서, 경영의 정의를 katz & khan의 시스템이론에 입각하여 다음과 같이 정의하고자 한다. **경영은 개인이나 조직이 그들의 목적을 달성하기 위하여 인적·물적 자원을 투입하여서 계획·조직·조정·통제 활동을 통해 재화나 서비스를 생산해내는 연속적인 과정**이다.

### 경영자란? (What is manager?)

경영자란 개인이나 조직이 그들의 목적을 달서하기 위한 최고의사결정을 내리고, 일련의 경영활동과정을 시스템적으로 수행해 나가는 주체이다. 따라서 **1차적으로는 자기관리를 체계적으로 경영하는 경영자**가 되어야 한다. 꼭 기업의 최고의사결정권자인 CEO(Chief executive officer)가 되기 전에 **자신의 문제를 잘 해결해 나가는 최고의사결정자인CEI(Chief Executive I) 로서 준비가 먼저 되어야 할 것**이다.

## 1.3 나를 둘러싸고 있는 환경은?

개인이나 조직은(경제주체) 자신을 중심으로 관계되어있는 여러 가지 환경요인들을 분석 해 볼 필요가 있다. 그것을 수식으로 표현하면 다음과 같다.

$$E = f[M \cdot (R \cdot F)]$$

(E: environment, M: manager, R·F: relation factor)
(환경) (경영자) (관계요인)

이렇게 경영자는 다른 많은 관계요인(사건·사람·상황 등)에 따라 자신들의 목적에 맞는 다양한 의사결정을 내려야 한다. 그것은 서로가 그들의 목적을 달성하기 위하여 각각의 전략적인 대안을 제시하면서 문제를 해결해 나가려고 노력한다. 그러기위해서는 항상 경영자를 중심으로 주변 환경과 관계된 요인에 대해서 깊이 들여다보고 명철한 분석이 필요하다.

# 1.4 들여다 보기

그림1.1 Are you Happy?(환경)

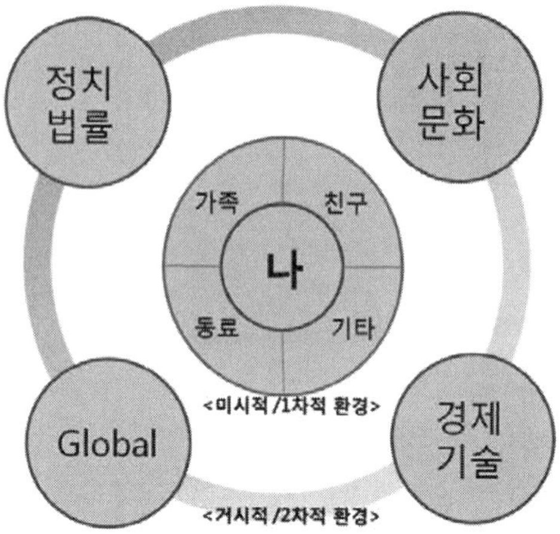


지금의 나는?
-해보기-

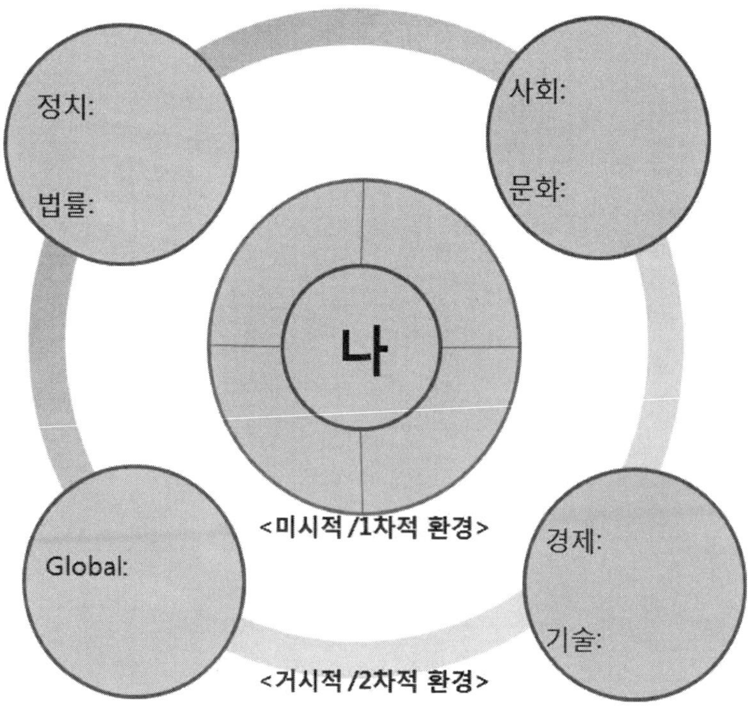

*Chapter 2*

*With Dream & Do it now!*

## 2.1 창업의 개념적 정의

### 창업이란?

창업이란 새로운 가치를 창조하는 과정(Creation process)으로써, 필요한 시간과 노력의 투입을 요하며, 수반되는 위험을 감수해야 하며, 성공적일 경우 금전적인 보상과 개인적인 만족감, 그리고 독립 감을 보상으로 제공해 준다라고 정의하였다.[1](이상문 외 2007)

또한 창업이란 창업자가 이익을 얻기 위하여 자본을 이용하여 사업아이디어에서 설정한 재화와 서비스를 생산하는 조직 또는 시스템을 설립하는 행위라고 정의하였다.[2](김규태 2002)

Joseph A.Schumpeter[3](1983)는 창업을 새로운 것으로 변화시키는 하나의 과정으로 보았고, 그 방법은 기존의 방법을 파괴하는 "창조적 파괴(Creative destruction)"의 힘이라고 하였다.

결국, 창업이라는 것은 새로운 것에 대한 도전이며 혁신적인 작업이라 할 수 있다. 다시 말해서, **개인이나 조직이 그들의 목표(가치창출, 만족, 이윤추구 등)를 달성하기 위하여 새로운 사업을 시작하여 경영자로서 경영활동을 수행해 나가는 연속적인 과정**이라 하겠다.

1) 이상문 외 "벤처창업과 성장전략"(2007) p23~24. 박영사
2) 김규태. "창업경영과실무" p17. 형설출판사
3) Joseph A.Schumpeter, The Theory of Economic Development : An Inquiry into profits, capital, credit, interests, and the business cycle(New Brumswick is Transation, 1934,1938) p66

### 창업자란?(Entrepreneur)

1인 기업 또는 2인 이상의 구성원들이 회사를 처음으로 설립하여 사업을 시작하는 사람을 말한다. 창업자는 새로운 아이디어를 확보하며, 자금의 확보 및 조달을 통해서 사업의 준비단계, 분석 및 시작과 실행과정 등을 주도적으로 이끌어 나간다. 또한 소유자인 동시에 종업원으로서 경영활동을 수행하여 자기사업의 성공과 실패에 대한 책임을 지는 역할을 하는 주체이다.

창업자는 시장경제체제에서 경쟁을 피할 수 없으며, 자원의 희소성 속에서도 수익을 창출할 수 있는 새로운 가치를 창출해 내야 한다. 그러기 위해서는 끊임없이 변화를 추구하는 창업자의 유연성이 요구된다.

### 창업의 중요성 = Core & Value

창업은 개인적으로나 사회적으로 중요하다. 개인적인 측면에서는 부(wealth)를 창조함으로써, 여러 가지 풍요로운 혜택을 누릴 수 있는 여건을 마련하게 되는 것이며, 사회적으로는 새로운 일자리 창출의 효과가 있다. 또한 창업의 성공은 기술적·정치적·경제적·국제적인 환경 등에 영향을 미치게 된다. 미래 창업의 지속적인 성장의 주요인(Key Factor)은 창업자 자신을 비롯한 창업한 기업의 핵심성공요인(Core)을 보유하여서 가치창출(Value Creation)을 해나가는 것이다.

## 2.2 창업의 필수요소

일반적으로 창업을 하는데 는 기본적으로 창업자 스스로가 기업가정신(Entrepreneurship)을 함양하고 있어야 하며, 그림으로 표현하면 다음과 같다.

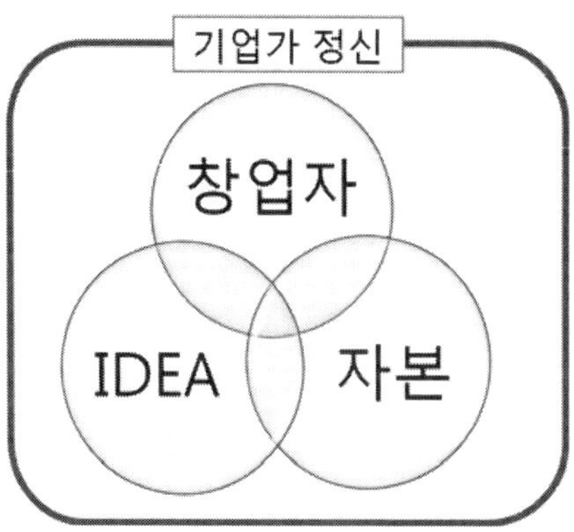


그림 2.1 창업의 필수요소

각각의 요소를 간단히 설명하면 다음과 같다.

## 창업자(Entrepreneur)

창업자는 자신의 가치관과 능력을 토대로 기업 설립 전부터 시작·실행·실행 후 피드백까지 창업자의 능력을 십분 발휘해야 한다. 이러한 경영활동은 창업가의 기업가정신이 바탕이 되어서 성공적인 창업으로 이끌어 내도록 하는데 매우 중요한 요소로 작용하고 있다.

**창업자로서 갖추어야 할 조건으로서는**

1) 심신이 건강해야 한다.
먼저, 정신적·육체적으로 건강상태를 잘 유지해야 할 것이며,

2) 개인적 특성
개인적 특성은 자신이 하고자 하는 사업에 대해서는 전문적인 지식을 가지고 있어야 하며(전문성), 새로운 것에 대한 위험부담 및 결단을 내릴 수 있는 도전정신(실험심)이 필요하다. 또한, 성실성과 책임감, 끝없는 아이디어를 개발해 내려는 창조성이 요구된다.

3) 경영능력을 갖추어야 한다.
끝없이 변화하는 환경을 파악하는 민첩함과 분석력이 요구된다. 또한, 포트폴리오를 구축하여 기획을 통한 계획·조직·조정·통제할 수 있는 경영능력자로서의 강력한 추진력이 필요 하다.

4) It's up to you!!
창업자가 되면, 경제에 대한 전반적인 지식을 얻을 수 있고, 다양한 경험을 통해서 사업수완도 배우게 된다. 그 과정을 토해서 물질적으로는 금전적 보상이 주어지며, 자부심과 개인의 자아실현을 통한 만족을 추구하게 된다. 그러나 새로운 가치창출과 만족을 달성하기 위해서는 상황에 따라 불안정한 요인과 난관들이 계속 작용하게 되며, 업무량이 증가되고 때로는 실패도 경험하게 되는 외롭고 힘든 길이 되기도 한다. 마치, **동전의 양면과도 같이, 창업자 자신의 몫으로 받아들이고, 책임져야** 되는 부분이다.

다음은 미국의 Baumback이 개발한 도구로써 창업자로서의 적성을 파악 해 보는 검사이다.

표 2.1 [4]Baumback의 테스트

| 기준 | 그렇다 (3점) | 간혹그렇다 (2점) | 그렇지 않다 (1점) |
| --- | --- | --- | --- |
| 다른 사람과의 경쟁 속에서 희열을 느낀다. | | | |
| 보상이 없어도 경쟁이 즐겁다. | | | |
| 신중히 경쟁하지만 때로는 허세를 부린다. | | | |
| 앞날을 생각해 위험을 각오한다. | | | |
| 업무를 잘 처리해 확실한 성취감을 맛본다. | | | |
| 일단 하기로 결심한 일이면 뭐든 최고가 되고 싶다. | | | |
| 전통에 연연하긴 싫다. | | | |
| 일단 일을 시작하고 나중에 상의하곤 한다. | | | |
| 칭찬을 받기 위해서라기보다는 업무 자체를 중요하게 생각한다. | | | |
| 남의 의견에 연연하지 않고 내 스타일대로 한다. | | | |
| 나의 잘못이나 패배를 잘 인정하지 않는다. | | | |
| 남의 말에 의존하지 않는다. | | | |
| 웬만해서는 좌절하지 않는다. | | | |
| 문제가 발생했을 때 직접 해결책을 모색한다. | | | |
| 호기심이 강하다. | | | |
| 남이 간섭하는 것을 못 참는다. | | | |
| 남의 지시를 듣기 싫어한다. | | | |
| 비판을 받고도 참을 수 있다. | | | |
| 일이 완성되는 것을 꼭 봐야한다. | | | |
| 동료나 후배가 나처럼 열심히 일하기를 바란다. | | | |
| 사업 지식을 넓히기 위해 독서를 한다. | | | |
| 합계 | | | |

〈평가결과〉
63점: '매우 좋은' 창업자 자질을 갖추고 있다.
52~62점: 창업자로 '좋은' 자질을 갖고 있다.
42~51점: 창업자로서 '보통'의 자질을 갖고 있다.
41점 이하: 창업자로서 자질이 '매우 부족'하다.

4) Baumback, C. M.(1985) "How to Org. & Oper". a Small Bus. 7th ed. Prentice Hall

표 2.2. [5]대학생들의 창업적성검사

| 기준 | 그렇다<br>(3점) | 간혹<br>그렇다 (2점) | 그렇지 않다<br>(1점) |
|---|---|---|---|
| 주변 사람들로부터 성격이 좋다는 말을 자주 듣는다. | | | |
| 무슨 게임이든 지기를 싫어한다. | | | |
| 지금 다니고 있는 학교생활이 마음에 안 든다. | | | |
| 나는 건강해서 활동하는 데 전혀 지장이 없다. | | | |
| 주변사람들을 자주 만나는 편이다. | | | |
| 약속은 무슨 일이 있어도 지키는 스타일이다. | | | |
| 평소 장사를 해야겠다는 생각을 자주 가졌다. | | | |
| 창업을 하는 것이 그래도 체질에 맞는다고 생각한다. | | | |
| 주변 청소가 안되었다 거나 정리가 안 돼 있으면 그냥 지나치지 못한다. | | | |
| 꼼꼼한 성격이기 때문에 좀처럼 실수를 하지 않는다. | | | |
| 평소 복장에 많은 신경을 쓰는 편이다. | | | |
| 예의에 어긋한 행동을 하는 것을 보면 몹시 불쾌해진다. | | | |
| 평소 사람들과 이야기할 때 자주 웃는 편이다. | | | |
| 평소 신문을 읽을 때 경제부문에 관심을 갖는다. | | | |
| 남의 이름을 한번 듣고도 기억한다. | | | |
| 가족들과 함께 대화를 자주 한다. | | | |
| 창업정보에 관심을 자주 갖는다. | | | |
| 직업에는 귀천이 없다는 것에 전적으로 동의한다. | | | |
| 학교에서 친구들과 자주 어울린다. | | | |
| 주위에 창업을 한 사람들을 보면 질투를 느낀다. | | | |
| 창업을 하는 것이 최고라고 생각한다. | | | |
| 창업은 누구도 할 수 있다고 생각한다. | | | |
| 돈을 벌면 불우한 사람들을 위해서 써야 한다고 생각한다. | | | |
| 평소 친구들의 경조사에는 조사에는 꼭 참가한다. | | | |
| 남한테 신세지는 것을 도저히 못한다. | | | |
| 자주 재테크 방법을 생각한다. | | | |
| 남한테 싫은 소리를 들어도 참을 수 있다. | | | |
| 사람들을 사귀는데 는 문제가 없다고 생각한다. | | | |
| 다른 사람이 장사해서 돈을 벌면 부러워한다. | | | |
| 인내심이 많은 편이라고 생각한다. | | | |

5) 김영문(2009), “한권으로 끝내는 창업길라잡이 창업학”, 법문사

| 장사에서 가장 중요한 것은 서비스라고 생각한다. | | | |
|---|---|---|---|
| 당장 현금300만원을 친구한테 빌릴 수 있다. | | | |
| 장사에 필요한 기본자금이 마련되면 당장 시작할 수 있다. | | | |
| 합계 | | | |

〈평과결과〉
① 90점 이상: 창업에는 소질이 뛰어나다고 생각되며, 성공의 확률이 매우 높다.
② 70~89점: 창업에 다소 흥미가 있는 성격이며, 조금만 노력한다면 매우 좋은 결과를 가져올 수 있다.
③ 69점 이하: 창업을 하기에는 다소 적극적인 사고방식과 서비스 기질이 요구된다. 이점수를 취득한 사람은 부단히 자기개발을 하여 어려울 때 돌파구를 찾을 수 있는 적극적인 사고방식의 전환훈련이 필요하다.

## 자본

창업자가 회사를 설립하는 데 필요한 투입요소(사람·기술·정보·전략·설비 등)에 소요되는 자금이다. 자금의 조달방법으로는 자기자본과 타인자본으로 구성된다.

1) Seed money

창업 준비단계의 자금으로서 창업자는 종자돈(seed money)을 마련하는데, 창업자 자신의 자본만으로도 창업이 가능하다. 경우에 따라서는 동업자나 친척, 동료 또는 잠재고객까지도 자본을 추가하여 조달 활용할 수 있다.

2) Start-up money

창업 시작 단계의 자금으로 자기자본과 개인투자자등의 타인자본을 비롯해 은행 또는 기타 금융기관 등의 자본을 확보하여서 이를 활용할 수 있다.

표 2.3. 자금의 조달

| 자금의 조달: Seed money + Start-up money | | | | | |
|---|---|---|---|---|---|
| 현물출자금 | 창업자 자금 | 투자가자금 | 금융권 대출의 형태 (일반금융) | 소상공인을 위한 대출기관 (정책금융) | 사채 |
| ◆ 창업자와 투자자의 현물 (동산·부동산) | ◆ 적금<br>◆ 퇴직금<br>◆ 유가증권<br>◆ 부동산 매각자금 | ◆ 후원금<br>◆ 동업자금<br>◆ 주주출자금<br>◆ 기관투자<br>◆ 특허기술을 이용한 자금<br>◆ 신용보증서 | ◆ 신용대출<br>◆ 담보대출<br>◆ 보증보험<br>◆ 증권대출 | ◆ 중소기업청<br>소상공인 지원센터<br>(소상공인 창업 지원 자금)<br>◆ 근로복지공단<br>(장기실업자·자영업 창업지원 사업,<br>관광관련 실업자 창업지원)<br>◆ 한국여성 경제인 협회(저소득 여성 가장 생계형 창업지원)<br>◆ 중소기업진흥공단<br>◆ 기타 | ◆ 친·인적 자금<br>◆ 동료자금<br>◆ 사금융 |

## 사업아이디어 (= 사업기회 = 환경 + 시점)

사업아이디어란 창업한 회사가 생산해 낼 재화나 서비스를 통해서 결국 소비자의 욕구를 만족시킬 수 있고, 가치를 창출 해 내야 한다. 그 아이디어의 원천은 창업자 자신일수도 있고, 다른 사람에 의해서 생길 수도 있다.

창업전문지인 [6](美)Inc지에 의하면(1989) 500대 고속성장기업 창업자의 사업아이디어 원천을 조사해본 결과 창업자 자신의 동종 산업에서 업무를 수행하다 아이디어를 발견한 것이 43%로 가장 많았다. 다른 기업의 사업현황을 보고 개선점을 발견한 것이 15%, 그리고 소비자의 충족되지 않은 욕구의 틈새시장을 발견한 것이 11%순으로 되어있다.

따라서, 자신의 경험에서 쌓여진 전문적인 지식과 기술을 활용할 수 있는 곳에서 Idea를 찾아보는 것이 가장 용이할 것이다. 창업자는 일상생활에서 시장지향적인 자세(Market Orientation)를 취하고 있어야 하며, 변화하는 시장 환경에 따라 소비자 욕구의 다양화 및 틈새시장을 개척하는 전략적인 자세를 갖추어야 할 것이다.

결국, 사업아이디어의 실행에 따른 기업의 생산 활동은 수익구조와 직결되므로, 기업의 목적을 달성할 수 있는 이윤창출을 할 수 있는 여건을 제대로 파악해야 하는 것이다. 이러한 여건은 바로 시장 환경과 시점에 맞는 사업기회를 포착하는 것이다.

## 기업가 정신 (Entrepreneurship)

기업가정신은 무(無)에서 유(有)의 가치를 창조하고 축적하는 행위이다. 이러한 행위는 현재 주어진 자원의 제약에도 불구하고 부(wealth)를 창출할 수 있는 기회를 적절히 포착하는 과정이며, 이에는 남들이 못 보는 가치를 감지하는 창의력 · 보완적 역량을 지닌 이들과의 팀워크, 보유하고 있는 자원뿐만 아니라 외부의 자원도 동원할 수 있는 추진력 등을 요구한다.[7](정승화 2007)

죠셉 슘페터는 창업자의 가장 핵심적인 기능은 새로운 발명이나 유리한 환경 조성이 아니라, 시장에서 구매를 꺼리거나 자금조달의 어려움, 물리적인 위협 등 다양한 저항을 극복하고, 사업을 추진해서 완성시키는 것[8](Getting things done)이라 했다.

창업의 필수요소인 자본 · 아이디어 · 창업자 그리고 기업가정신은 기업을 성공으로 이끄는 데 가장 중요한 역할을 한다. 기업가정신은 창업자의 개인적인 특성이 가장 큰 영향을 미치는데, 창업은 새로운 선택과 변화에 대한 강인한 자신감, 도전정신이 필요하다. 또한 자신의 전문성을 확보하고, 성실성과 문제 해결능력 등을 키워나가는 경영자의 추진력이 필요하다고 본다. 곧 추진력은 창업 필수요소만의 적절한 조화와 서로간의 차이를 목적에 맞게 줄여나가는 것이라 하겠다.

---

6) John Case, "The Origins of Entrepreneurship" Inc., Inc.1989.54
7) 정승화(2007), 벤처창업론 -부창출 경영의 이론과 실제. p3
8) Joseph A. Schumpeter, Capitalism, Socialism and Democracy (NewYork: Harper, 1942, 1976): 83.132

## 2.3 창업의 분류

창업의 분류 기준은 다양하다. 크게는 창업의 업종·형태·방법에 따라 구분될 수 있다.

표 2.4 창업의 분류

| 창업의 업종 | 창업의 형태 | 창업의 방법 | 기타 |
|---|---|---|---|
| ◆ 제조업<br>◆ 서비스<br>◆ 외식<br>◆ IT 신기술<br>◆ 유통<br>◆ 퓨전 | ◆ 프랜차이즈 VS 독립형 창업<br>◆ 무점포 창업 VS 재테크 창업 (SOHO)<br>◆ 혁신적 창업vs모방창업<br>◆ 1인 창업 VS 기업형 창업<br>◆ on-off 라인 창업<br>◆ 기업매입(M &A) | ◆ 신규 독립 사업<br>◆ 대리점 사업<br>◆ 기존 사업의 인수 | ◆ 투잡스 (two-jobs) |

## 2.4 창업절차

창업에 대한 절차는 이미 창업자의 머릿속에서 복합적으로 구상되어지고 있지만 그것을 단계적으로 정리를 해 볼 필요가 있다. 개인이나 조직의 특성에 따라 차이는 있으나 상황과 여건에 맞게 탄력적으로 계획을 세워 실행해야 한다. 그림으로 설명하면 다음과 같다.

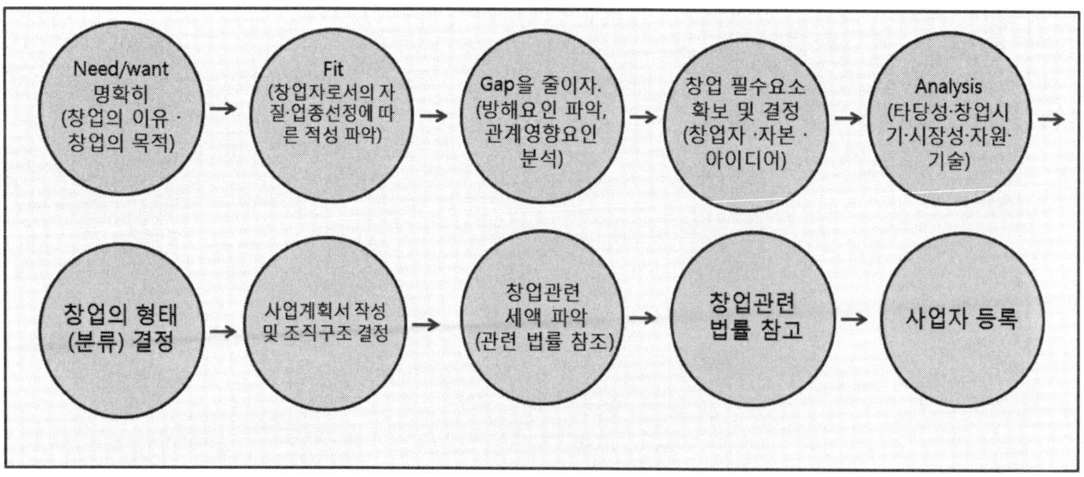


<그림 2.2 창업의 절차도>

## 2.5 기업의 형태

기업형태의 결정은 창업에 있어서 중요한 의사결정중의 하나이다. 최근 기업환경의 빠른 변화는 창업시장의 환경자체도 상대적인 영향력을 미치고 있다. 개인 스스로가 창업을 하여 기획, 영업, 자금조달 및 경영전반에 대한 관리 및 경영활동을 수행하는 개인기업 형태의 창업을 할 것인가, 아니면 조직을 갖추어서 업무의 성격에 따라 직원들과 분담하여 통합적인 관리체제를 이루어 나가는 법인형태를 취할 것인가에 대한 결정은 기업설립 초기에 중요한 의사결정사항이다. 따라서 창업자는 창업 관련 환경요인을 파악하고 자신의 경영능력을 정확히 파악할 필요가 있으며, 기업형태(개인기업/법인기업)의 장·단점을 분석하여 자신에게 맞는 기업형태를 결정해야 할 것이다.

표 2.5 개인기업과 법인기업

| 구분 | 개인 기업 | 법인 기업 |
|---|---|---|
| 창설 | ◆ 개인의 책임하에 의사결정<br>◆ 설립 용이 | ◆ 공동의 책임하에 공동의사결정<br>◆ 법인설립 절차 우선 시행 |
| 경영상의 장점 | ◆ 기업주의 독점 이윤<br>◆ 신속한 의사결정<br>◆ 창설 자금 및 적은자금 소요<br>◆ 인적관계 긴밀<br>◆ 창의적이고, 노력의 극대화<br>◆ 대인관계 및 영업상의 비밀 유지에 유리<br>◆ 시장변화에 대한 탄력적인 대응 | ◆ 기업 운영유지에 관한 영속성<br>◆ 출자자 지분에 의한 분배<br>◆ 다수의 출자자로부터 거액의 자본금 생성 가능(대자본 조달 용이)<br>◆ 주주의 유한책임<br>◆ 출자금의 유가증권화 가능·대외적인 신용 유리 |
| 경영에 있어 단점 | ◆ 기업주의 무한 책임<br>◆ 기업의 운영 유지에 관한 사고 및 영속성 결여<br>◆ 1인 경영능력의 한계<br>◆ 세금 납부에 대한 불리함<br>◆ 자본 조달의 한계<br>◆ 대외 신용도 취약 | ◆ 주주간의 대립 우려<br>◆ 설립절차 또는 해산절차의 복잡<br>◆ 기업주 활동의 제약(상법 등)<br>◆ 의사결정의 지연 |
| 세제 관련 사항 | ◆ 소득세 과세<br>◆ 세금 부담에 유리( 일정규모 이하인 경우)<br>◆ 대조 자본인의 급여 불인정<br>◆ 장부기장 및 관련 장부 기재 및 관리 소홀 우려 | ◆ 법인세 과세<br>◆ 세금 부담에 유리(일정 규모 이상)<br>◆ 대표자의 급여 인정<br>◆ 장부기장 및 관련 장부 기재 및 관리 엄격 |

# PART 2

# How to!

Chapter 3

# 창업자 고려사항

## 3.1 5W1H

5W1H(five W's and one H) 는 누가(who), 무엇을(what), 언제(when), 어디서(where), 어떻게(how)를 일컫는 말로서 언론계 등에서 기사 작성 시 기본적으로 들어가야 할 요소로서 기사내용을 파악하는데 핵심적인 역할을 수행한다. 창업을 하고자 하는 사람은 논리적인 생각과 판단이 필요한데, 5W1H를 도입하여 볼 필요가 있다.

### 왜!(why)

왜!(why)는 창업을 하는 이유에 대해서 근본적인 질문을 끊임없이 해야 하는  것이다. 창업의 궁극적인 목표가 무엇이고, 창업을 하는 가정 속에서 일어나는 여러 가지 상황, 사건들에 대한 문제 해결 방식을 고민하고 의사결정을 하는 데 수없이 필요한 부분이다. 그리고 항상 그 질문에 대한 자신의 대답이 확실해야 할 필요성이 있다.

## 누가(who)

'창업을 누가 하는 것이다'라는 의미이다. 개인 혼자서 창업을 할 수 도 있고, 그렇지 않을 수 도 있지만, 기본적으로 창업자의 능력과 개인적인 특성을 창업자와 관련된 여러 가지 고려요인들을 파악해야 한다. 만약 창업자 적성에 맞지 않거나 목표와 다르다면 그것을 창업의 시작 전부터 첫 단추를 잘못 꿰는 것이 될 것이다.

## 무엇을?(what)

창업 시 생산해내는 재화에 대한 부분이다. 즉, 창업아이템을 선정하고, 그것을 실제적으로 제품으로 개발하여 시장에 출시하고, 판매하여 수익을 올릴 수 있는가의 문제이다. 이 부분은 무엇보다도 창업자의 관심분야와 자신의 경험에서 출적된 충분한 지식과 역량이 요구된다.

## 언제?(when)

창업의 시기를 말하는 것으로, 시장환경 분석과 더불어 시장 내 제품을 진입시킬 시점을 정확하게 포착하여 실행하는 판단력이 요구된다. 마치 야구경기에서 야구선수가 적시타를 쳐서 승리를 이끄는 것처럼, 창업의 시기와 창업제품의 출시 시점을 정확히 파악하는 철두철미한 전략이 요구된다.

## 어디서?(where)

장소적인 의미로서 창업의 입지를 의미하는데, 현대의 시장자체는 온라인과 오프라인 두 개의 시장이 모두 형성되어 있으므로, 어느 장소를 선택할 것인지, 아니면 두 개의 시장을 모두 선정할 것인지에 대한 충분한 심사숙고와 의사결정이 필요하다.

## 어떻게?(how)

창업한 기업의 구체적이고 세부적인 전략을 말하는 것인데 창업과 관련된 여러 가지 요소들을 결합해 나가는 경영활동상의 문제가 요구되는 부분이다. 경영자의 경영철학과 기업가정신을 바탕으로 각 부문별로 (마케팅·인적자원관리·생산운영관리·재무관리·기타 등) 경영관리활동(계획·조직·조정·통제)을 수행해 나가는 실무적인 성격을 띠고 있다.

결국 시장에서 성공할 수 있는 창업과 마케팅 활동의 5W1H를 예시하면 다음과 같다.

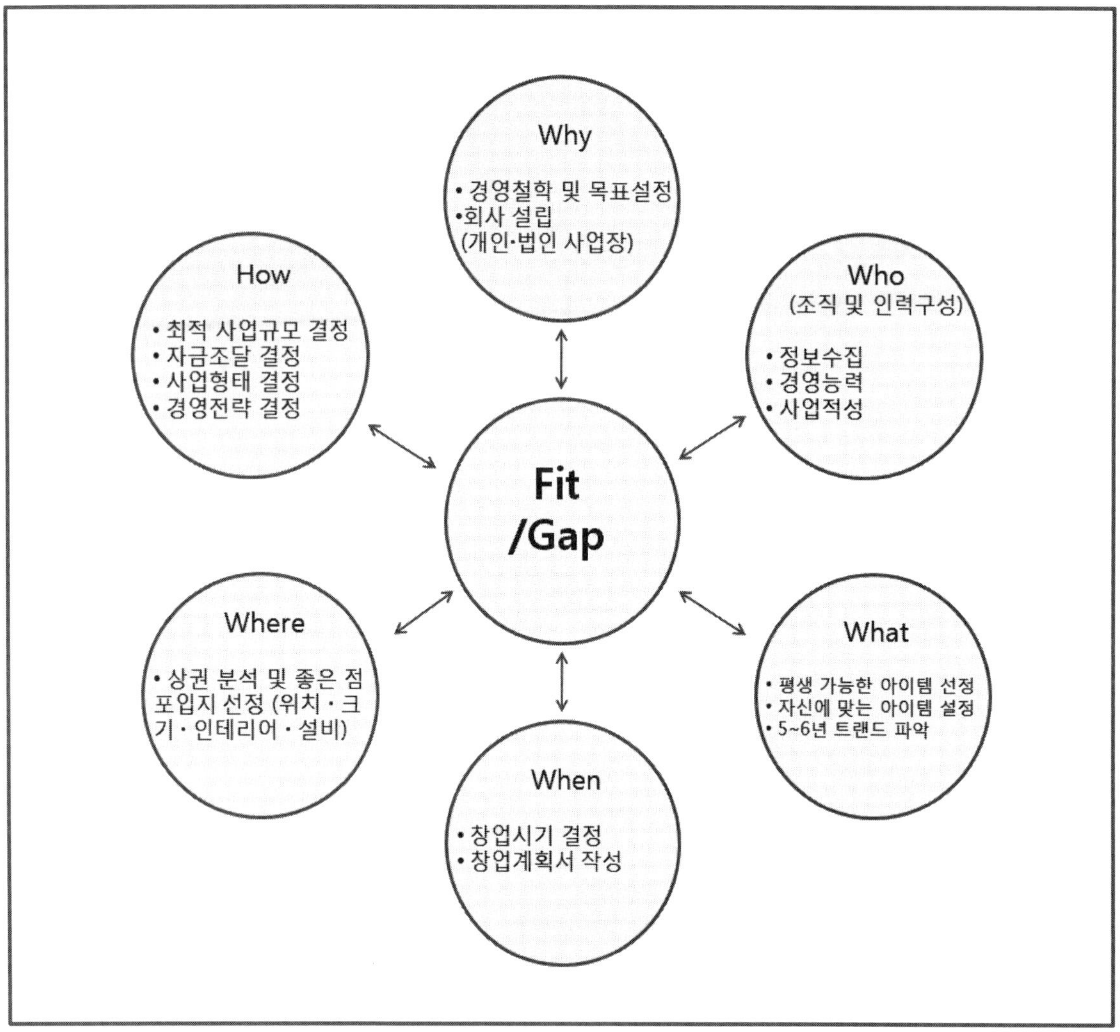


그림 3.1. 창업 5W1H

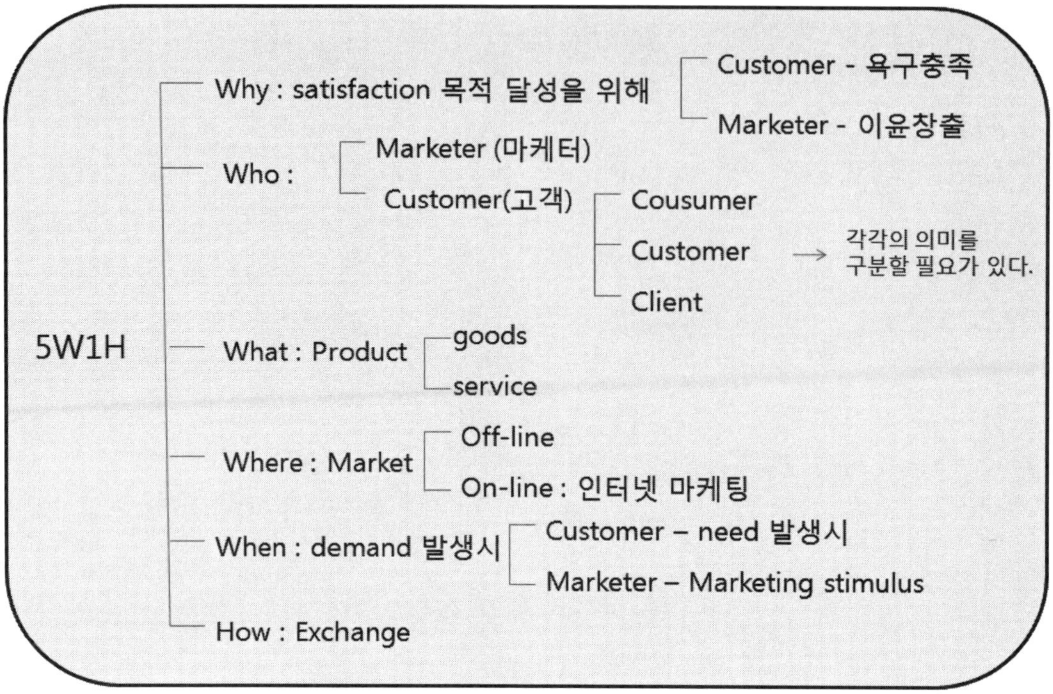
5W1H
Why : satisfaction 목적 달성을 위해
Customer - 욕구충족
Marketer - 이윤창출
Who :
Marketer (마케터)
Customer(고객)
Cousumer
Customer
Client
각각의 의미를
구분할 필요가 있다.
What : Product
goods
service
Where : Market
Off-line
On-line : 인터넷 마케팅
When : demand 발생시
Customer – need 발생시
Marketer – Marketing stimulus
How : Exchange

그림 3.2 5W1H

## 3.2 21세기 시장경향

우선적으로 창업을 하기 전에 알아두어야 할 시장 환경의 변화 즉 마케팅 트렌드를 살펴볼 필요가 있는데, 대표적으로 고령화 ·양극화 · IT강국 · 엔터테인먼트 · 녹색지구 · Big Mac· 미래의 고객(어린이) 그리고 새로운 틈새시장의 고객층으로 형성되어지는 Bluesumer 를 들 수 있다.

### 고령화 ( 실버마케팅 )

고령화 사회로 진행이 되면서 65세 이상의 노령인구들을 Tonk족(Tow-only no kids)로 명명되어 지며, 그들을 타겟으로 한 새로운 실버산업의 성장이 계속해서 증가될 추세이다. 지금 우리나라는 세계에서 가장 빠르게 노령화 현상이 나타나고 있을 뿐만 아니라, 은퇴연령이 점점 더 낮아지고 있다. 이러한 현상은 실버세대들에게는 적극적인 노후대책이 필요한 상황으로 바뀌어지고 있다. 실제적으로 보험 · 금융시장의 상품들은 전성기를 맞이하고 있고, 시장에서의 마케터들은 실버마케팅을 실시하여 실버세대들을 겨냥한 틈새시장의 확보를 위한 마케팅 전략을 강구하고 있다.

최근 소득수준이 높은 고객을 대상으로 한 `귀족(VIP) 마케팅`이 선보이는가 하면 분양가를 낮추거나 마감재를 고급화해 재분양하는 속칭 `떨이 마케팅`이 늘고 있다.
금융자산과 소득기반이 탄탄한 고소득층은 장기간에 걸친 경기침체에도 씀씀이가 크게 위축되지 않아 비싼 물건에도 관심이 많다"면서 "각 계층별 핵심 고객에게만 집중하는 디마케팅(Demarketing) 기법이 두드러질 것"이라고 말했다.

### 양극화 (양극화 마케팅)

세계적인 장기 불황 및 경제위기는 소득계층의 양극화현상을 겪게 되는 나라들이 나타난다. 이 현상은 하나의 국가에 두 개의 시장이 생기게 되므로 두 개의 시장을 다르게 겨냥하는 사업과 각각의 색다른 사업전략을 구체적으로 세운다면 또 다른 틈새시장의 영역은 무한하다고 본다.
소비의 형태 또한 특정 소비 집단 간의 소비 수준이 양극화 되는 현상이 나타나게 되는데, 소득계층 간의 차이는 소득수준이 높은 계층일수록 고급사치품이나 외제품을 소비하고, 이들을 대상으로 하는 `귀족(VIP) 마케팅` 전략과, 핵심고객을 집중적으로 공략하는 디 마케팅전략을 기업들이 주로 사용하게 될 것이다. 실제적으로 저소득 계층은 저가 생필품을 구입하게 되는 등의 '부익부빈익빈'현상은 앞으로도 심화 될 것으로 보인다. 그러한 원인은 시장경제 위기로 인한 실업과 고금리 등 계층 간의 소득 불균형을 가져오게 된다.

## IT강국 (인터넷마케팅 · 하이테크마케팅)

전 세계 인터넷 이용자 수는 점점 늘어가고 있다 2008년 전 세계 인터넷 이용인구는 14억 명이고, 2012년에는 19억 명을 넘어설 것으로 전망하고 있다. 그만큼 생각의 속도는 빨라지고 있으므로, 인터넷시장에서의 계속해서 업데이트되어지는 마케팅전략이 필요하다.

인터넷 마케팅은 인터넷의 특성을 이용해서 시장조사, 소비자의 욕구 파악, 효율적인 판매망 확보등을 통한 비용 및 시간의 절감을 가져온다. 홈 페이지를 이용한 웹 마케팅, 푸시 기술 및 이메일을 이용한 인터넷 타깃 마케팅으로 구분되어 설명할 수 있으며, 그 예로 신용 카드 회사나 이동 전화 업체는 고객 데이터베이스를 웹에 연결해 이용 대금 결제나 결제 대금 조회, 연체 조회 등의 다양한 고객 서비스를 제공하고 있으며 시스템 구축비용이 저렴한 것이 장점이다.

아울러 18개월마다 컴퓨터 처리 속도가 달라진다는 무어의 법칙을 보듯이 점점 더 기술이 복잡화 되어지는 현실에 대한 시장경쟁전략이 부단히 요구되어진다.

## 엔터테인먼트 (엔터테인먼트마케팅 · 오락마케팅)

엔터테인멘트는 사람들의 즐거움에 대한 욕구를 자극하는 것을 바탕으로 하는 문화 활동으로서 오락이나 여흥 또는 즐거움을 만끽하고자 하는 자들의 모임을 가리킨다. 재미를 추구하는 오락 또는 다른 프로그램을 하면서 기쁨을 맛보고, 카타르시스 작용까지도 기대하게 된다. 특히, 오락 게임산업의 발달이나 다른 연예산업의 발달은 하나의 문화로 형성하게 되면서 많은 경제적 가치를 창출하게 되었다.

앞으로도 엔터테인먼트와 관련된 시장에서의 사업은 계속해서 증가될 전망이다. 독일어로 Kitch 라는 단어의 의미는 유치스러운, 저질스러운의 뜻을 포함하고 있다. 그만큼 현대인들은 생활 속에서 많은 스트레스를 받고 있는데 대한 정화작용의 욕구가 강하게 일어나고 있는 것이 현실이다. 그것이 실제적으로도 오감을 자극하는 여러 가지의 형태로 각각의 컨텐츠들의 선정성, 폭력성 등의 문제가 대두되는 것도 사실이다. 따라서 진지함'을 누르고, 재미가 현대의 소비자들에게 우선가치가 된다는 또 다른 부작용이나 우려사항이 생길지도 모른다는 사실을 간과해서는 안 될 것이다.

## 녹색지구 (그린마케팅)

무분별한 에너지 사용으로 인한 에너지 고갈의 위기, 과도한 화석연료 사용이 부른 지구온난화 등 친환경에너지는 선택이 아닌 필수다. 지구를 살리기 위한 노력의 일환으로 '즐거운 불편', '녹색에너지' 등 다양한 지구 살리기 운동이 펼쳐지고 있는 것이 현실이다.

**〈[9]불편한 진실〉이라는 영화에서 배우는 "지구를 사랑하는 10가지 방법"을 소개한다.**

1. **일반 전구를 형광등으로 교체하세요.**
   일 년에 68kg의 이산화탄소가 줄어듭니다.

2. **자동차 이용을 조금만 줄이세요.**
   대중교통을 이용하세요. 아니면, 걷거나 자전거를 타는 것은 어때요? 2km만 차를 안타도 600kg의 이산화탄소가 줄어듭니다.

3. **재활용을 열심히 해주세요.**
   지금 집에서 버리는 쓰레기의 1/2만 재활용해도 1톤의 이산화탄소가 줄어듭니다.

4. **타이어를 체크해보세요.**
   적당한 공기압을 유지하는 것만으로도 기름을 3% 이상 아낄 수 있습니다.

5. **따뜻한 물을 조금 덜 사용하세요.**
   물을 가열하는 데는 많은 에너지가 들어갑니다. 절수형 샤워기를 사용하면 1년에 160kg의 에너지를 아낄 수 있어요. 빨래를 할 때에는 찬물이나 미지근한 물을 사용해보세요.

6. **상품 포장을 조금만 줄여보는 건 어떨까요?**
   쓰레기를 10%만 줄여도 540kg의 이산화탄소가 줄어듭니다.

7. **겨울 난방온도를 2도만 낮추고, 여름 냉방온도를 2도만 높여보세요.**
   1년에 900kg의 이산화탄소가 줄어듭니다.

8. **나무를 심으세요.**
   나무 한 그루가 1톤의 이산화탄소를 흡수합니다.

---

9) 영화 <불편한 진실> "지구를 사랑하는 10가지 방법"

9. 전자제품을 사용하지 않을 때에는 꺼두세요.

10. '불편한 진실' 홈페이지를 방문해서 더 많은 것을 배워가세요.
−네이버 영화 〈불편한 진실〉(2006)

## Big-Mac(뚱보마케팅)

급속히 늘어난 비만인구가 점차 중산층 소비자군 으로 자리잡아가면서 미국 기업들 사이에 "뚱보마케팅"이 새로운 21세기의 마케팅 트렌드로 부상하고 있다. (미국 경제월간 비즈니스 2001.6)

2013년에는 9천만 명에 근접할 것으로 전망하고 있다. 기업들은 비만인구에 대한 시각이 변하고 있으며, 몸집이 큰 사람을 목표고객으로 하는 제품이 출시되고 있다. 기존의 제품보다 크기가 30% 더 큰 그랜드 킹사이즈 매트리스, 최대 3인치나 더 큰 좌석의 도요다 자동차 킹 등을 예로 들 수 있다.

랄프로렌, 토미힐피거 등 유명 의류브랜드상품도 빅사이즈 제품 출시로 매출액이 증가되었으며, 변기좌석, 여객기 좌석, 안전벨트 확장기 같이 몸집이 큰 사람을 위한 아이디어 상품이 계속 출시되고 있다. 얼짱, 몸짱을 추구하는 소비자를 대상으로 한 기업제품들의 시장영역의 확보와 더불어, 비만인구를 대상으로 하는 새로운 목표시장이 전개될 전망이다.

## 미래의 고객 ( 키즈마케팅 )

소비생활 패턴의 다양함과 풍요로움·출산율 저하·맞벌이 부부의 증가 등은 자녀 중심의 구매형태가 늘어나고 있다. 아동들의 생활양식이 변화하면서 본인들이 직접 상표를 선택하고, 구매능력 또한 증가하고 있다(65%). 4세-12세 연령층의 어린이를 목표대상으로 이러한 구매형태는 가족구매의사결정에도 영향을 미친다. 유년기에 형성된 상표에 대한 애호도는 어른이 되어서도 그 상표에 대한 감정적 애착(Emotional Attachment) 이 생겨서 상표에 대한 태도를 쉽게 바꾸지 않게 되는 것이 일반적이다. 그런 의미에서 어린이들은 미래의 잠재고객으로서 충분히 마케팅 활동을 적극적으로 수행할 필요성이 있다. 이러한 변화를 예측한 기업들의 마케팅활동과 그에 따른 매출실적이 급성자하고 있는 것이 현실이다.

## Bluesumer = Bluocean+Consumer

"블루슈머"를 잡아라.'블루슈머'는 경쟁자가 없는 시장, 블루오션의 새로운 소비자이다.

시장환경의 변화에 따른 소비자들의 욕구는 세분화의 단계를 넘어 파편화되어가고 있다고 표현할 정도로 소비자들의 의식수준과 제품에 대한 정보력은 점점 파워풀 해지는 것이 사실이다. 이에 기업은 그들의 변화된 경향에 맞는 새로운 제품시장의 확보 및 그에 따른 마케팅전략이 강구되어야 한다.

**① 백수탈출**

-백수를 탈출할 수 있는 취업 및 창업을 지원하는 서비스

Ex) 진로 및 적성 검사 대행업, 이미지 컨설팅, 헤드헌터 등

**② 똑똑한 지갑족**

- 내수소비량 줄어듦

Ex)각종 대여업과 온라인 중고 장터 등 합리적 소비를 돕는 상품과 서비스

**③ 나홀로가구**

-1인 가구, 2월 현재 342만 가구, 95년 이후 14년 동안 2배 이상증가

-1인 가구를 대상으로 싱글산업 상품과 서비스

Ex)즉 1인용 소파, 소형 복합 가전, 미니 아파트

**④ 녹색세대**

-한국 온실가스 배출량은 90년 이후 2배 이상 증가

Ex) 절수형 변기, 에너지 절약 램프 등 친환경 및 에너지 절약

⑤ U-Shopper

-지난해 사이버 쇼핑규모가 사상 최대 18조1천460억 원 전년 대비 15% 증가

Ex) 온라인 창업 컨설팅, 쇼핑몰 제품 촬영 대행, 스튜디오 대행 등 쇼핑몰 창업을 위한 상품과 서비스

**⑥ 내나라 여행족**

-지난해 내국인 출구자 수; 1천199만6천명, 전년대비 10% 줄어듦

-2003년 이후 첫 감소

EX) 아웃도어 의류, 저가 국내여행 상품 등

**⑦ 자연愛밥상족** -Well Being Marketing

-유해식품과 식중독 때문에 먹거리가 불안하다는 응답이 69%, 수입 농산물도 불안하다는 응답이 87%

Ex) 홈 쿠킹 제품과 간이 텃밭용 화분 및 농기구 등이 유기농 친환경 식사를 위한 상품과 서비스 주목

⑧ 아이를 기다리는 부부
-불임으로 건강보험 진료를 받은 환자가 2001년 8만 명-〉 2007년 16만4천500명으로 증가
Ex) 불임 방지용 의자, 불임 방지용 남자 속옷, 불임 방지 요가 교실은

⑨ 거울보는 남자
-15~24세 남자 청소년들의 고민 중 외모가 9.9%로 3위 차지
EX) 남성용 기능성 화장품, 액세서리, 몸매보정 속옷 등의 남성용 패션 및 메이크업 제품

⑩ 가려운 아이들
-인구 1천 명당 아토피 염 발병률이 2001년~ 2005년 76%증가
Ex) 아토피를 방지 할 수 있는 새집증후군 예방 제품, 아토피 치료 캠프

10)통계청(www.kostat.go.kr)

10) 통계청(www.kostat.go.kr)

## 3.3 입지선정과 상권분석

최근의 시장은 온라인과 오프라인의 동시에 이루어지는 경향도 있다. 아직까지는 점포들이 입지를 선정한다고 할 때는 주로 오프라인에서의 점포의 입지를 의미하는 것이 대부분이다. 흔히들 하는 말로 좋은 입지는'코너 쪽으로  목을 잘 잡아야한다' '점포의 입지가 성공의 70-80%를 차지한다.' 라고 말하는 것처럼 그만큼 입지의 선정은 중요하다고 볼 수 있다. 하지만 실제적으로 시장에서 그렇게 딱 맞아 떨어지거나 좋은 입지를 선정한 다는 것은 쉽지 않은 일이다.

입지를 선정하기 위해서 조사 해 봐야 할 것은 지형 · 지세 · 코너 등의 지리적인 위치를 파악해야하고,  교통시설 및 도로의 파악과 더불어 입지발전가능성을 살펴 볼 필요가 있다.

표 3.1 [11]입지선정 고려요인

| 좋은 입지 | 피해야 할 입지 |
|---|---|
| ◆ 유동인구가 많은 곳 | ◆ 오르막길, 언덕 위의 점포 |
| ◆ 배후지가 넓고 소득수준이 높은 곳 | ◆ 맞은 편이 한가한 곳 |
| ◆ 퇴근길 동선에 위치한 점포 | ◆ 인구가 흘러가는 곳 |
| ◆ 상권의 중심통로에 위치한 점포 | ◆ 업종이나 주인이 자주 바뀌는 곳 |
| ◆ 인근 상인들의 표정이 밝은 곳 | ◆ 대형 경쟁업체가 있는 곳 |
| ◆ 금융기관, 대형 유통시설로 가는 길목 | ◆ 빈 점포나 공터가 많은 곳 |
| ◆ 주변에 노점상이 많은 곳 | ◆ 임대료나 권리금이 유난히 싼 곳 |
| ◆ 대형 패스트푸드점이 있는 곳 | ◆ 주인이 유사업종에 종사하는 곳 |
| ◆ 권리금이 있는 점포 | |
| ◆ 사업장으로 이동시간이 30분 이내인 곳 | |

상권이란 영업을 계속 해 나가는 데 있어야 할 고객이 살고 있는 지역적인 특정범위이고 특정의 점포가 고객을 끌어들이는 지리적범위의 정도를 의미한다. 그것은 인위적으로 형성되는 것이 아니라 자연적으로 형성이 되는 것이 일반적이다. 특히, 각 점포가 가지고 있는 특징이나 독특한 마케팅 전략을 하나의 상권을 형성하기도 한다.

11) 중소기업청(www.smba.go.kr)

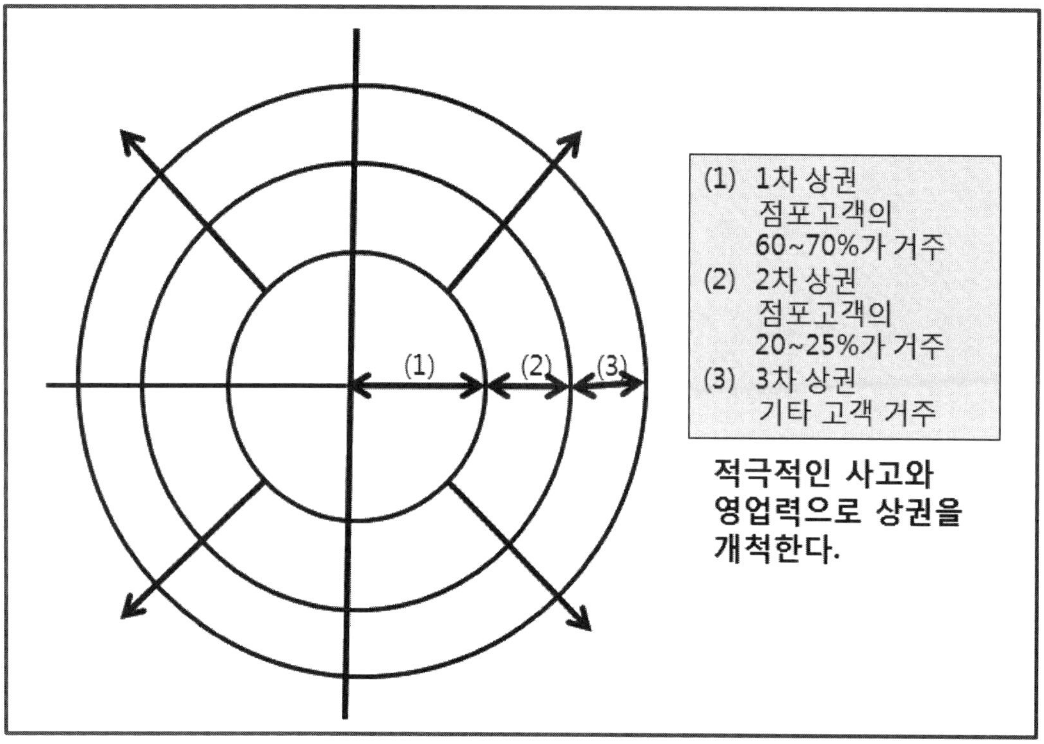


그림 3.3. [12]상권의 정의 및 영역

12) 이강원, 실전창업, 더난, p.176(2002)

**<상권 조사 단계별 체크 포인트>**

1단계: **상권 내 지역정보 수립**

- 관공서의 인구통계자료
- 상업통계자료
- 특정기관 조사정보 ( 방송사, 신문사, 조사업체 자료 등)
- 지역관련 점포조사(점포수, 위치 등)

2단계: **지역상권지도 작성**

- 지구별세대수, 인구수
- 소매업종별 점포 표시
- 교통기관별 표시(역, 정류장 등)
- 관련 유통점 표시
- 지형적인 특성
- 집객력이 있는 지역시설(체육관, 금융기관, 관공서 등)
- 경쟁점 표시

3단계: **상권 내 지역 도보 관찰**

- 연령별로 구분하여 생활방식 표시
- 거주지, 주거형태, 거주기간, 차량소유 등으로 소득수준 파악
- 교통이용 현황을 통한 상권의 넓이 파악
- 혼잡한 점포, 인기 있는 점포 파악
- 쇼핑 도로 파악
- 고객들의 생활 방식 및 상품의 구매행동 파악

4단계: **그룹방문에 의한 인터뷰 조사**

- 지역특성, 거리, 편리함, 차량 진입, 주차의 용이성
- 서비스, 접객태도, 영업시간, 종업원 수 파악
- 판촉활동의 영향력 파악
- 이동거리를 늘릴 수 있는 방안 심층 조사
- 클레임 처리, 신용도 체크
- 사용빈도 조사

자료원: 이강원, 실전창업, 더난, p.186 (2004)

Chapter 4

# 창업에 따른 전략

## 4.1 기업의 전략적 수립

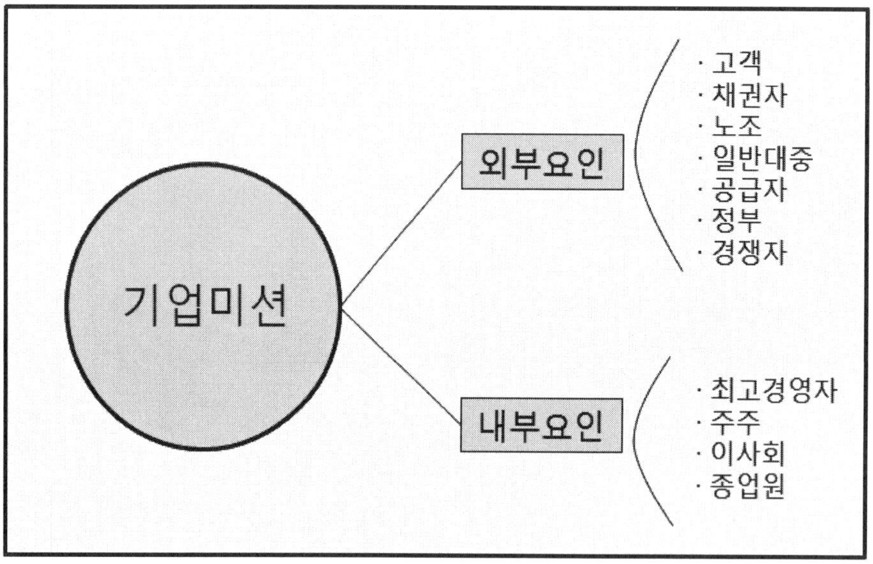


그림 4.1. [13]미션 설정에 영향을 미치는 요인

13) Pearce, J.A., and R.B.Jr., Robinson.(1997) "Formulation.Implementation, and Control f  Competitive Strategy 6Thed.", Richard D. Irwin

## 기업의 사명 (Mission) - Going Concern

불확실한 시장 환경 속에서 영속성을 유지하기 위해서는 이를 위한 효율성과 효과성을 달성하고자 하는 창업자의 긍정적인 자세와 노력은 성공적인 전략계획의 수립 및 실행이 중요하다. 자신들의 사명을 잘 이해하고 있는 기업들은 대부분 성공적이며, 자원의 배분 및 생산제품에 대해 회사가 나아갈 방향과 방법으로 전략적인 경영활동을 수행한다.

기업의 미션은 근본적인 존재 이유로써 경영자의 철학이나 가치관이 중요한 영향을 미친다고 볼 수 있다. 이렇게 기업의 미션을 설정하는데 영향을 미치는 요인을 내/외부 관련 요인으로 구분하여 설명하였다.

## 기업의 목표 (Goal) - 이윤창출

기업의 사명에 맞게 전략적으로 목표를 구체화시킨다. 궁극적인 이윤창출을 달성하기 위해서 사업 포트폴리오를 설계해야 하고, 시장의 변화에 따라 변화하는 고객의 욕구를 정확히 파악하여 이에 맞는 경영활동을 지속해서 수행해 나가야 한다.

## 기업의 목직(Object)

단기적인 계획의 달성으로 각각의 조직들이 체계적으로 나름대로의 독특한 방법으로 기업의 사명과 일관성 있게 의사소통이 되어져야 한다. 그렇게 함으로서 효율성을 극대화 시킬 수 있다.

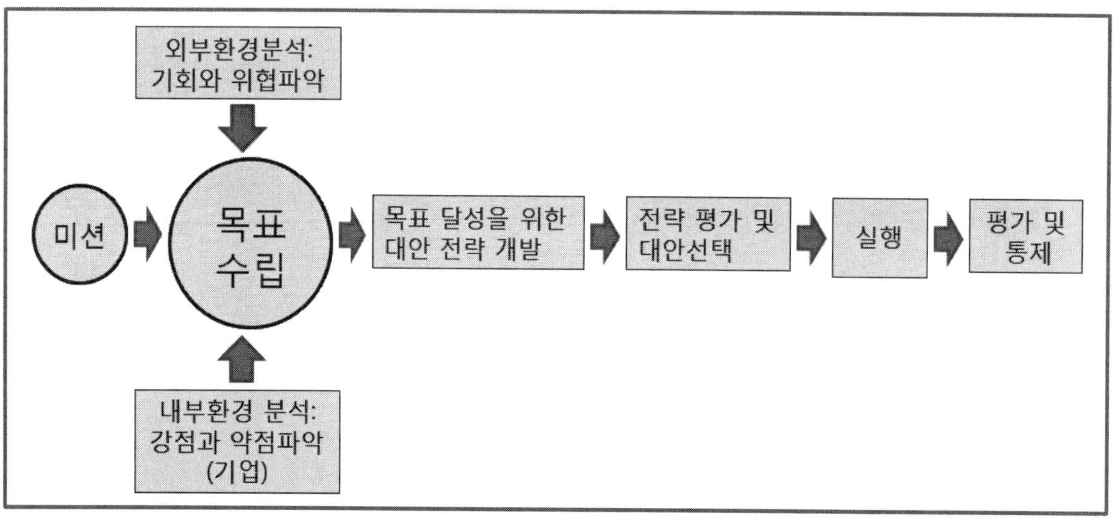


그림 4.2 기업의 전략적 수립

## 4.2 의사결정이란?

다양한 환경(불확실한 환경 · 확실한 환경 · 위험한 환경 등) 속에서 기업가는 기업의 목표를 설정하여 이를 구체적으로 실행하는 과정에서 사건 · 상황 · 사람 등을 대상으로 여러 가지 문제들이 발생한다. 이러한 문제들을 해결하는데 최적의 대안을 결정하는 것은 기업의 효율적인 목표 달성을 위한 중요한 요소로써 작용을 한다.

의사결정의 책임의 범위는 최고경영자(창업자 자신이 될 수도 있고 그렇지 않을 수도 있다)가 기업의 운명을 결정하는데 많은 부분을 책임지고 있다. 경영활동을 수행하는 사람에 따라서 차이는 있지만 궁극적인 목적 달성을 위한 정보를 수집하고 분석한 것을 바탕으로 일련의 의사결정 과정을 거치게 된다.

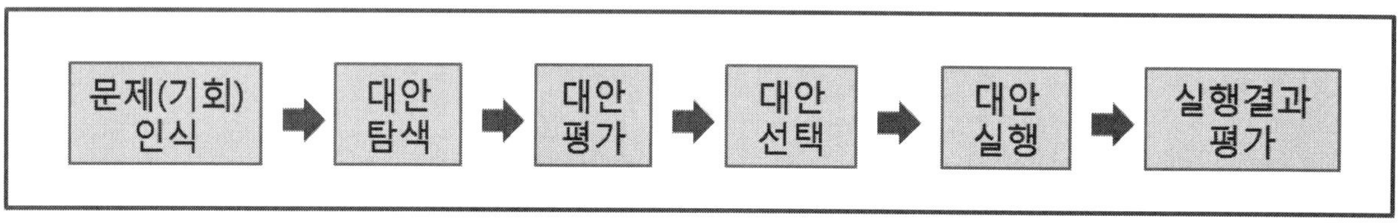


그림 4.3 [14]의사결정 과정

결국, 의사결정과정은 환경과 끊임없이 상호작용을 일으키는 과정에서 이루어지는 연속적인 과정이며, 논리적이고, 여러 가지 대안 중에서 하나의 대안을 고르고 선택하는 정신적인 지각활동이다. 최적의 의사결정을 내리는 것은 그리 쉽지 않은 일이다.

## 4.3 경영시스템의 Frame Work

기업은 환경과 상호작용하는 개방된 구조를 취해서 경영활동을 수행하게 된다. 그 환경은 복잡성과 가변성을 띠고 있으므로 체계적이고 전략적인 구조를 갖출 필요가 있다. 오픈시스템의 일반적인 모형은 그림4.3과 같다.

---

14) R.Wayne Mondy & Shane R.(2001)" Premeaux", Prentice-hall p.107

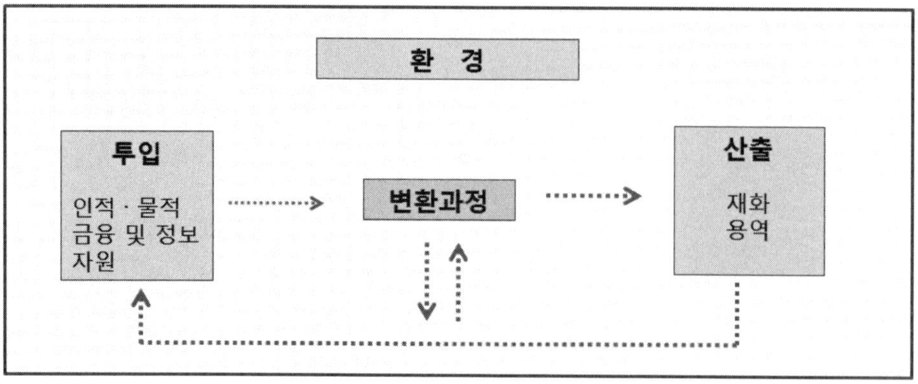


그림 4.4 [15]오픈 시스템의 일반적 모형

〈[16]Katz와 Kahn 의 오픈시스템 속성 10가지〉

1) Important of Energy :
2) Through Put :
3) Output :
4) Cycle of Event :
5) Negative Entropy :
6) Negative Feedback :
7) Homeostasis :
8) Differentiation :
9) Integration :
10) Equifinality :

위의 Katz 와 Kahn의 오픈시스템 속성은 기업이 일반적으로 공통적으로 갖추고 있다. 다만 그 차이는 개방성의 정도와 복잡성, 그리고 경영자의 관리 철학에 따라, 영속적인 과정에서, 그 특성은 다르게 나타난다고 하겠다. 따라서 기업의 경영활동의 개방시스템을 전제로 하고, 다음과 같은 차이는 개방성 수정된 모형을 제시한다.

---

15) Don Hellriegel. Susan E.Jackson & John w . Slocum, Jr., Management(2002) : "A Competency - Based Apporach" ( Cincinati. Ohio : South - Western). p.58

16) Daniel Katz and Robert.LKahn,(1966) "The Social Psychology of Organizations" (New York ; John Wiley & Son), pp 19-26.

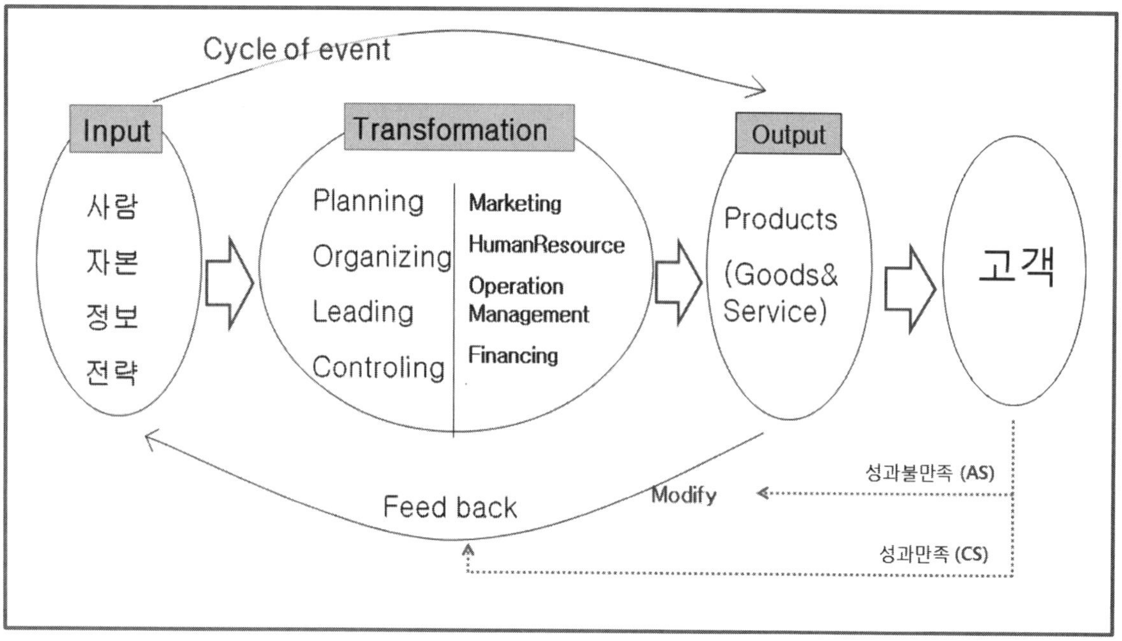


그림 4.5 경영활동의 Frame Work

Chapter 5

# 창업전략 분석 및 모델

## 5.1 SWOT 분석

기업의 경영전략을 수립하기 위한 분석도구로서 1960년대에 스탠포드 대학에서 포춘지 선정 500대 기업들을 연구한 결과를 토대로 알버트 험프리가 연구한 방법의 하나이다.

SWOT은 강점(Strength), 약점(Weakness), 기회(Opportunity), 위협(Threat)의 머리글자를 모아서 만든 단어이다. 강점(S)과 약점(W)은 기업의 내적인 면(Inner Factor)을 분석하는 것으로, 기회(O)와 위협(T)은 외적 환경을 분석하는 것으로 나누기도 한다. 예로서, 기업의  능력 · 성실 등의 강점과, 외부환경의 기회는 긍정적인 면으로서의 전략적 기준이 되고, 기업가로서 겪어야 되는 여러 가지 약점요인(시간 · 경험 · 훈련 · 난관)등과 위험요인은 부정적인 면의 전략적 기준이 된다.

기업가는 SWOT분석을 통해 시장상황을 인식하고, 거기에 따른 대응전략(활용가능성 · 보완 · 방어 등)을 수립하는데 중요한 자료가 된다.

표 5.1 SWOT분석

| | 강점(S)<br>· ex) 시장에 없는 제품이다.<br>·<br>· | 약점(W)<br>· ex) 아직 특허를 내지 않음.<br>·<br>· |
|---|---|---|
| 기회(O) | SO 전략 | WO 전략 |
| | · ex) 기존에 없는 제품이기 때문에 차별화 전략이 확실하다.<br>·<br>· | · ex) 특허를 빠른 시일 내에 내지 않을시 다른 기업이나 개인이 시작할 수 있음.<br>·<br>· |
| 위협(T) | ST 전략 | WT 전략 |
| | ·<br>·<br>· | ·<br>·<br>· |

표 5.2 [17]S · W Check List

| 구분 | 항 목 | 매우 그렇다 (5점) | 비교적 그렇다 (4점) | 보통 이다 (3점) | 그렇지 않은 편 (2점) | 전혀 아니다 (1점) |
|---|---|---|---|---|---|---|
| Personality (개성) | 지구력과 참을성이 있다. | | | | | |
| | 순발력과 위트(wit)가 있다. | | | | | |
| | 현상에 대한 긍정적 자세를 취하는 편이다. | | | | | |
| | 행동에 앞서서 주변을 살피고 생각을 먼저 하게 된다. | | | | | |
| Working Habit | 일을 손에 잡으면 다른 것은 생각하지 않는다. | | | | | |
| | 일처리를 처음부터 끝까지 꼼꼼하게 처리하는 편이다. | | | | | |
| | 모든 일을 먼저 분석하고, 개척하는 편이다. | | | | | |
| | 늘 새로운 것에 대한 Idea를 개발해 내는 것을 좋아한다. | | | | | |
| | 계획된 것에 대해서는 바로 실행한다. | | | | | |
| Core | 심·신이 건강하다. | | | | | |
| | 컴퓨터와 관련된 업무에 대해서는 자신 있다. | | | | | |
| | 전공을 비롯해 관심분야에 대한 정보를 많이 가지고 있고, 자료수집을 게을리 하지 않는다. | | | | | |
| | 영어를 기본으로 다른 외국어 communication이 가능하다. | | | | | |
| | 독서를 비롯해 혼자서 조용히 사색하는 시간을 꼭 가진다. | | | | | |

17) 예스폼(www.yesform.com)

| | | | | | | |
|---|---|---|---|---|---|---|
| Human Relationship | 적극적이며 사교성이 좋다. | | | | | |
| | 다양한 부류(직업)의 사람들을 (많이)알고 있고, 오래된 인연도 있다. | | | | | |
| | 자신의 의견을 (상대방을 설득시킬 정도) 정확하게 표현할 수 있다. | | | | | |
| | 타인에게 쉽게 호감을 갖게 하는 인상이다. | | | | | |

60점 이하는 보통, 70점 이상은 적극 창업.

| 나의점수 | |
|---|---|

표 5.3 O · T factor

| 구 분 | Opportunity | Threat |
|---|---|---|
| Law · Political | - | - |
| Economical · Descriptive | | |
| Social · Cultural | | |

표 5.4 O · T factor Lank

| NO | Opportunity Lank | Threat Lank |
|---|---|---|
| 1 | ex) 저렴한 비용으로 창업 가능 | ex) 소비층이 제한적이다. |
| 2 | | |
| 3 | | |
| 4 | | |
| 5 | | |

## 5.2 Portfolio 전략

기업의 내·외부의 영향 요인을 파악하며 방향이 설정되면 실제적인 자원의 할당방법이나 조직의 활동 형태와 관련한 포트폴리오전략이 필요하다. 대표적인 기법으로는 BCG모델과 GE모델 등이다.

### BCG 모델

보스턴 컨설팅그룹에서 BCG모델의 기본적인 아이디어는 사업의 포트폴리오를 통해서 현금 흐름의 균형을 잡은 것이다. BCG 성장/점유율 매트릭스는 사업의 성장률과 시정점유율의 기준에 따른 자원의 할당량을 파악하게 된다.

고성장사업에서 기대되는 현금의 소비자와, 시장점유율이 높은 사업에서는 현금의 창출을 기대할 수 있다. 기업은 적절한 포트폴리오를 활용함으로써, 이들 현금 흐름의 균형을 유지해야 한다.

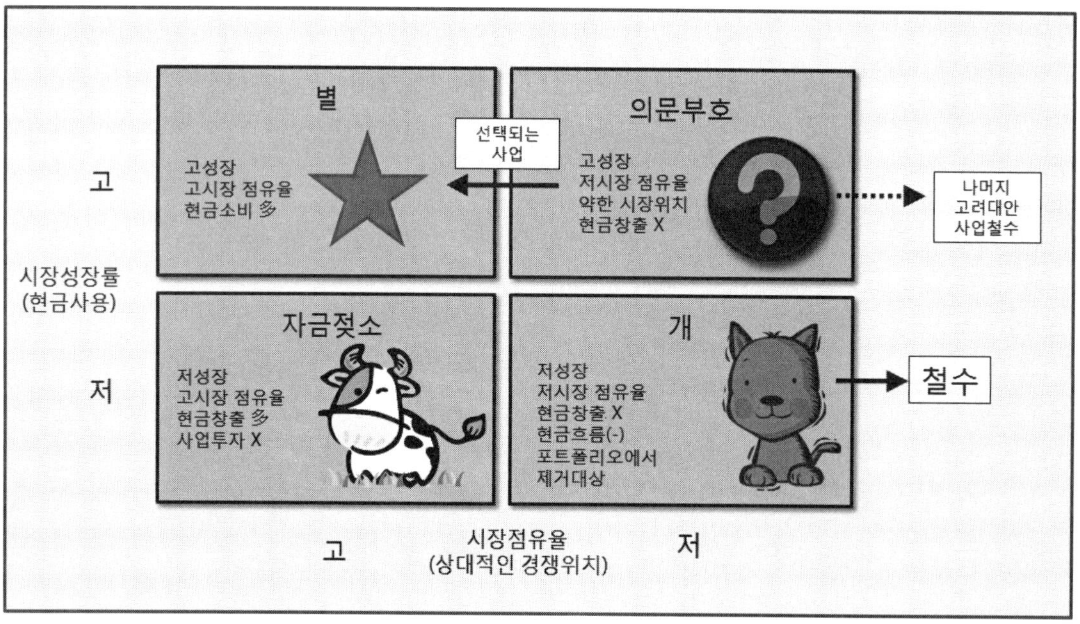


그림 5.1. BCG모델

## GE모델

맥킨지(Mckinsey) 보고서라고도 말하는 GE모델은 BCG 모델의 단순성과 약점을 보완하기 위하여 개발한 것으로써, 기업의 전략적 사업단위에 대한 포트폴리오 분석을 수행하는 모델이다. 사업의 경쟁 위치(강점)와 사업의 매력을 기준으로 한다. 사업의 매력도와 경쟁위치(강점)를 3X3(고·중·저) 매트릭스로 구분하여 투자·성장·수익·철수 등으로 구분한다.

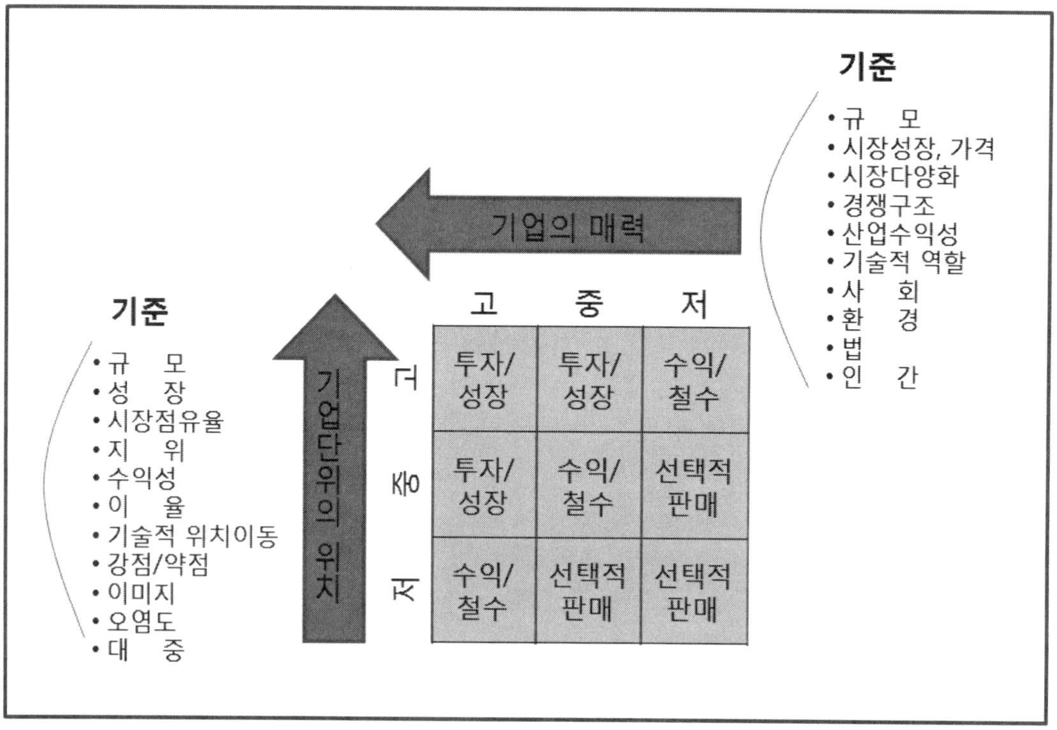


그림 5.2 GE 모델

# 5.3 제품수명주기

시장에서 기업이 파악해야 할 믹스요인에는 경쟁자, 공급업자, 고객, 대체제 등이 있다. 이들 환경은 직·간접적으로 기업의 경영활동의 시작과 과정 그리고 마지막까지 모든 과정에 영향을 미치게 된다. 이런 환경요인들에 대한 분석과 이해는 기업의 장·단기적인 발전단계에 아주 중요한 부분이다.

이러한 경영활동의 과정을 제품수명주기로 설명할 수 있다. 제품수명주기란 신제품이 시장에서 출시되어 소비자의 머릿속에서 지워져 사라질 단계까지의 제품의 판매액과 수익의 변화 상태를 단계별로 구분한 것이다. 제품수명주기의 과정은 사업의 특성에 따라 각각 다르며, 제품수명주기 상의 발생시점 또는 단계별 영역이나 길이 등은 예측하기가 어렵다.

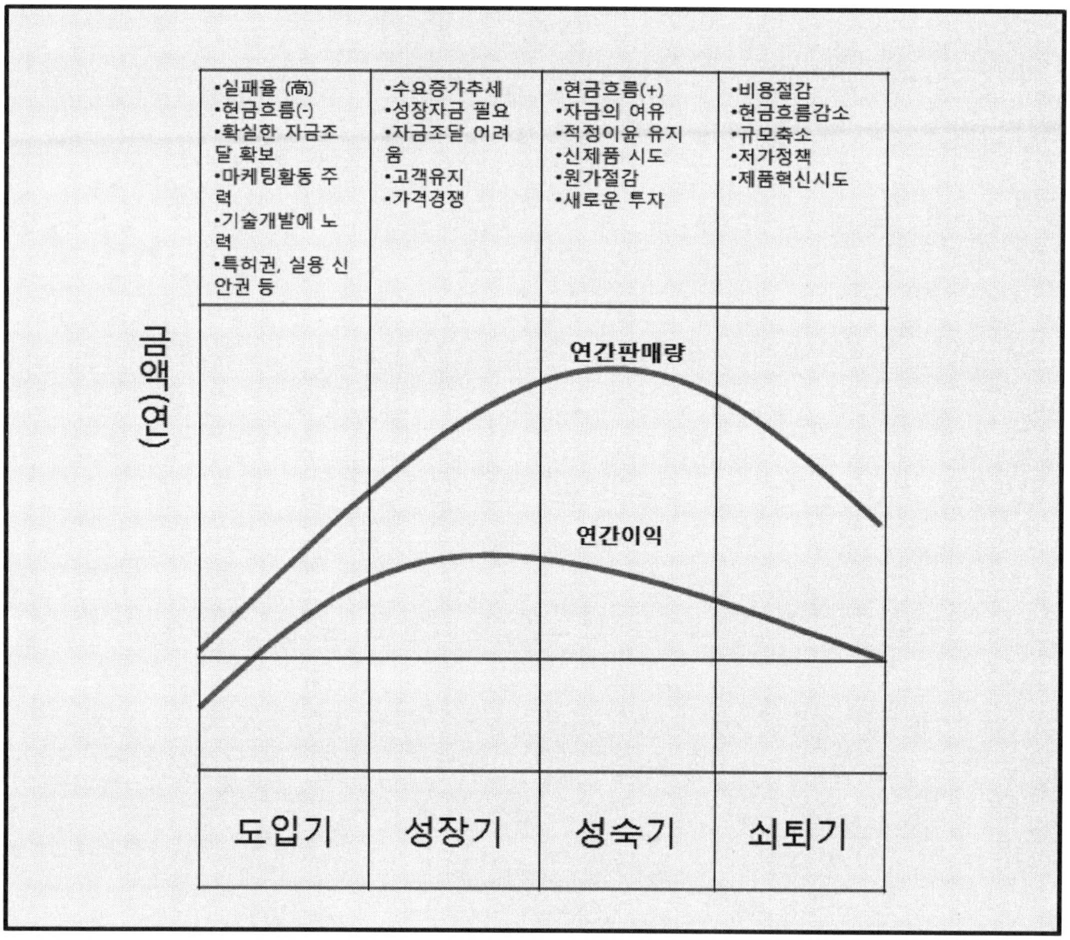


그림 5.3 제품수명주기

표 5.5 제품수명주기의 단계별 특성

| 특성 \ 구분 | | 도입기 | 성장기 | 성숙기 | 쇠퇴기 |
|---|---|---|---|---|---|
| 시장특성 | 시장규모성장율 | 저 | 저 | 0 | - |
| | 고객선호도변화 | 저 | 저 | 고 | 고 |
| | 선호이질성증가 | 저 | 고 | 고 | 저 |
| 경쟁구조특성 | 경쟁자수증가율 | 저 | 고 | 저 | - |
| | 경쟁지위변화율 | 고 | 고 | 저 | 저 |
| | 경쟁격화도 | 소 | 대 | 대 | 소 |
| | 제품차별화정도 | 소 | 대 | 대 | 소 |
| | 가격변화율 | 저 | 고 | 고 | 저 |

## 5.4 시장기회 포착 - 제품/시장전략

시장의 상황을 분석하고, 고려하여서, 사업의 선택을 두고 기업은 새로운 시장기회를 포착할 수 있어야 한다. 그 방법으로 제품시장을 기준으로 2X2매트릭스를 사용한 제품/시장 확장 전략을 살펴보자.

그림 5.4. [18]제품/시장 확장전략

| | 기존제품 | 신제품 |
|---|---|---|
| 기존시장 | 시장침투전략 | 제품개발전략 |
| 신시장 | 시장개발전략 | 다각화전략 |

18) H.Igor Ansoff,(1989) "Corporate Strategy", Harmondsworth, p5.

## 5.5 본원적 경쟁전략 - 경쟁우위

사업을 시작하기로 결정한 후에는 기업을 성공적으로 이끌 수 있는 경쟁력을 갖추고 있어야 한다. 그러한 경쟁우위요소를 확보하고 결정하는 분석기법으로 마이클 포터의 본원적 경쟁전략이 있다. 경쟁우위의 형태와 전략대상의 폭을 기준으로 하여, 비용·고객·품질 등으로 구분한 전략이다.

| | | 경쟁우위형태 | |
|---|---|---|---|
| 전략대상의 폭 | | 낮은 비용 | 고객이 인정하는 특이성 |
| | 전체분야 | 비용우위전략 | 차별화 전략 |
| | 특정분야 | 집중화 전략 | |

그림 5.5 [19]본원적 경쟁전략

19) Michael E.Porter. (1980) "Competitive Strategy", The Free Press, pp41-42.

# PART 3

# Activity

Chapter 6

# Item 선정 및 절차

## 6.1 창업아이템 선정 - 사업기회를 포착하라.

창업은 철저한 사전준비가 이루어져야만 큰 혼란을 겪지 않고 안정적인 구도로 성장이 가능하다. 창업의 과정은 창업자의 동기와 창업의 형태 등에 따라 다를 수 있다. 우선적으로 환경에 대한 분석이 이루어지고, 그 다음 창업아이템을 선정한 다음 세부적인 타당성분석과 더불어 사업계획을 수립하고 추진해야 할 것이다.

창업아이템 선정은 사업의 성패와 직결될 수 있다. 시장에서 소비자의 충족되지 않은 욕구가 발생되어 있는 틈새시장을 발견해야 하고, 기존 시장에서 차별화 되어 있기도 해야 한다. 또한 그 두 조건을 갖춘 아이디어가 실제적으로 소비자들에게 널리 인식되어져야 하므로 심각하게 고려해야 할 부분이다. 그만큼 창업아이템 선정은 가장 중요한 의사결정이다.

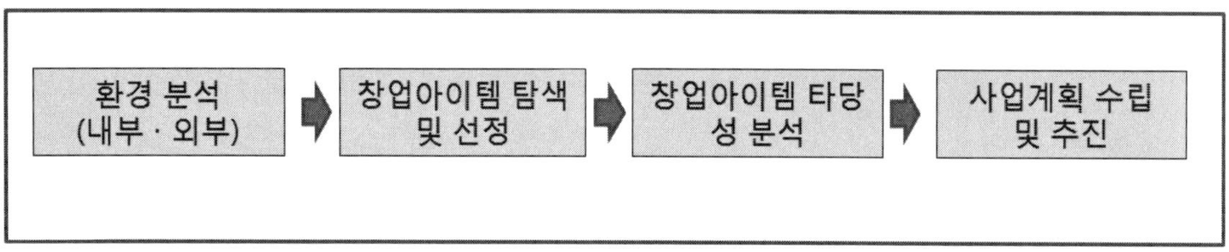


그림 6.1 창업의 과정

**〈사업기회를 포착하라〉**

① Attractive Point(매력 포인트)

고객의 욕구를 자극할 수 있는 차별화된 매력성이 있어야 한다.

② Accessibility

자신의 사업 환경 하에 실현가능한 것이어야 한다.

③ Window of Opportunity

기회의 창이 닫히기 전에 상품화 할 수 있어야 한다.

④ Have or Searching

자신이 사업에 필요한 자원과 기술을 가지고 있어야 한다. 그렇지 못할 경우 그런 자원과 기술을 갖추고 있는 사업파트너를 찾을 수 있어야 한다.

⑤ Adequate (충분한)

고객들이 매력을 느낄 만큼 저렴하면서 동시에 자신에게 이윤을 가져다 줄 만큼 높은 가격으로 공급할 수 있어야 한다.

## 6.2 창업아이템 타당성 분석

창업아이템이 선정되면, 그것에 대한 종합적인 분석이 이루어져야 한다. 그 고려요인은 주로 경제성· 기술성· 시장성(조화성)· 적합성· 경쟁우위성· 틈새시장 분석 등을 들 수 있다.

### 경제성

창업자가 계획하고 있는 사업을 통해서 얻을 수 있는 수익성을 분석해야 한다. 즉 ROI(Return on investment) · 매출액 마진율· 손익분기점 순이익 등을 파악해야 한다.

## 직합성

창업자 자신의 적성·연령에 맞게 경험한 지식들이(전문성) 창업하고자 하는 사업과 잘 맞는가를 살펴보아야 한다. 그렇게 함으로써 창업수행과정에서 다양하게 나타나는 문제들에 대하여 의사결정하고 관리하는데 대한 부담이 줄어들 것이다.

## 조화성(시장성)

시장전체의 규모를 측정하고 세분화 (소비자의 연령·계층·성별 등) 하여서 목표고객을 설정할 필요가 있다. 그리고 제품수명주기길이·예상되어지는 경쟁기업에 대한 재무구조·제품에 대한 분석 그리고 마케팅 전략에 대한 분석이 필요하다.

## 기술성

제품에 대한 생산 운영 관리능력·공학적인 부분·원가체계부분 등에 대해서도 분석이 필요하다.

## 경쟁우위성

제품이 시장에서 성공할 수 있는 차별화한 매력 성을 가지고 있어야 한다. 경쟁제품 및 대체재에 대한 대안을 마련할 수 있는 경쟁력을 갖추고 있어야 한다.

## 틈새시장

현재 시장에서 소비자들에게 채워지지 않은 욕구를 발견하고, 그에 대한 틈새시장을 개척해 나가고 개발할 수 있는 유망 아이템에 대한 사전 시장조사 분석이 요구된다.

## 나는 어떤 사업을?

- 내 사업에 이름을 붙이기 -

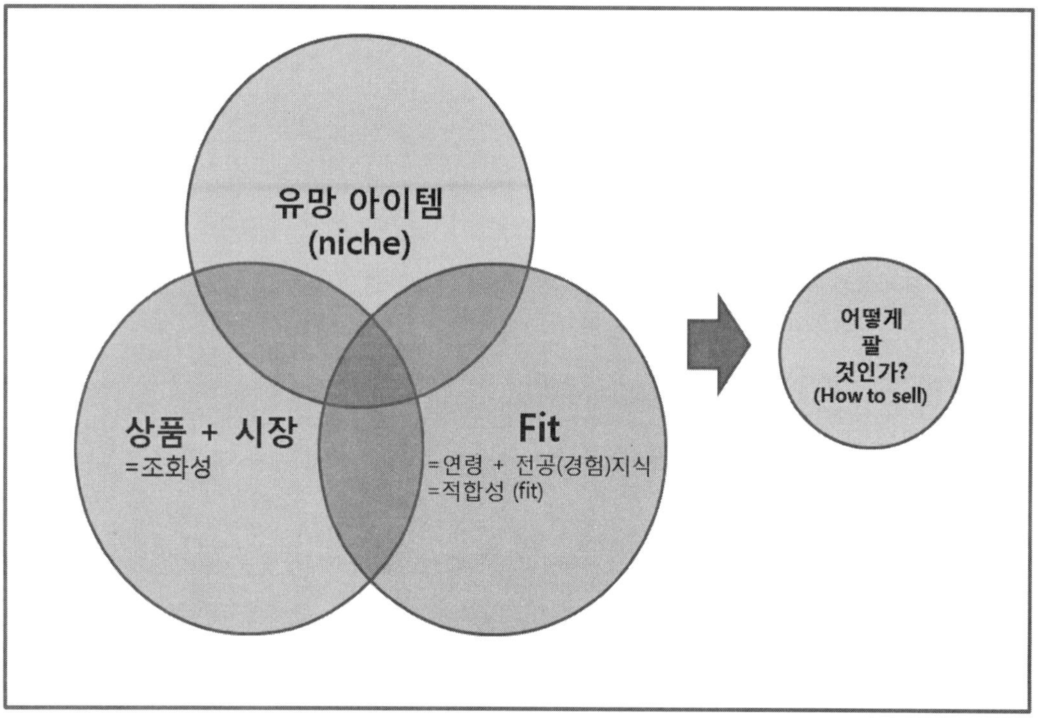


그림 6.2 사업 아이템 선정요소

표 6.1 [20]사업아이디어 평가의 예

| 기준 | | 1점<br>완전부정 | 2점<br>부 정 | 3점<br>보 통 | 4점<br>긍 정 | 5점<br>완전긍정 |
|---|---|---|---|---|---|---|
| 창업성 | 경험이나 지식의 활용이 가능하다 | | | | | |
| | 취미와 적성에 적합하다. | | | | | |
| | 해당 분야의 관리능력과 경험이 있다. | | | | | |
| 경쟁우위 | 진입장벽의 구축이 가능하다. | | | | | |
| | 새로운 고객을 확보할 수 있다. | | | | | |
| | 제품모방에 의한 유사제품의 출현가능성이 적다. | | | | | |
| | 대기업의 참여가능성이 적다. | | | | | |
| | 관련된 유사사업으로의 진출가능성이 많다. | | | | | |
| 시장성 | 시장규모가 크다. | | | | | |
| | 시장성장률이 높다. | | | | | |
| | 제품수명주기의 길이가 길다. | | | | | |
| | 예상시장점유율이 높다. | | | | | |
| | 주요 경쟁자가 적다. | | | | | |
| | 수익이 지속성이 가능하다. | | | | | |
| 경제성 | 소요되는 자금규모가 크다. | | | | | |
| | 자기 자본 규모에 적합하다. | | | | | |
| | 손익분기점에 도달하는 소요기간이 짧다. | | | | | |
| | 흑자 전환까지 소요기간이 짧다. | | | | | |
| | 마진이 높다. | | | | | |
| | 순이익이 많다. | | | | | |
| 필요자원 | 필요한 재무적 자원의 확보가 가능하다. | | | | | |
| | 필요한 마케팅 자원의 확보가 가능하다. | | | | | |
| | 필요한 생산자원의 확보가 가능하다. | | | | | |
| | 필요한 인적자원의 확보가 가능하다. | | | | | |
| | 필요한 관리자원의 확보가 가능하다. | | | | | |
| | 필요한 시스템 자원의 확보가 가능하다. | | | | | |
| 합계 | | | | | | |

20) 이상문,유상진,홍관수 공저,(2001) "벤처창업과 성장전략".

## 6.3 사업계획 수립과 추진

### 사업계획서란?

창업자는 사업의 목표를 실행하는 것과 관련하여, 발생하게 되는 여러 가지 문제나 상황에 대처하여야 한다. 이를 위해서는 철저한 사전계획이 필수적이고, 구체적인 사업계획을 수립해야 하는 것이다. 이것은 기업의 청사진 역할을 하며 경영활동의 종합적인 평가를 할 수 있는 자료가 된다. 또한 미래를 예측하게 되는 실질적이고 객관적인 기준으로 작성되어져야 한다. 사업계획서를 미리 세우게 되면, 기업운영에 있어서 여러 장애요인이나 위험요소를 사전에 발견할 수 있으므로 실패요소를 줄일 수 있다. 그리고 사업계획서를 작성하게 됨으로써 기업의 대·내외적으로 투자 및 이해관계자들을 사업과 관련하여 설득할 수 있는 힘이 생기게 된다.

사업계획서는 창업자 자신의 사업아이템을 차별화 시키고, 신뢰성 있고 객관성 있도록 자신감 있게 표현하고 작성해야 한다. 그러기 위해서는 2차 문헌 조사 및 입증 가능한 자료들을 수집·정리해야 하고, 계획한 사업에 대한 핵심내용이 강조되어야 한다.

### 사업계획서의 작성

사업계획서는 창업자의 상황이나 여건에 따라 차이가 있을 수 있으나 일반적인 사업계획의 내용을 토대로 다음 그림과 같이 순서도를 그려 볼 수 있다.

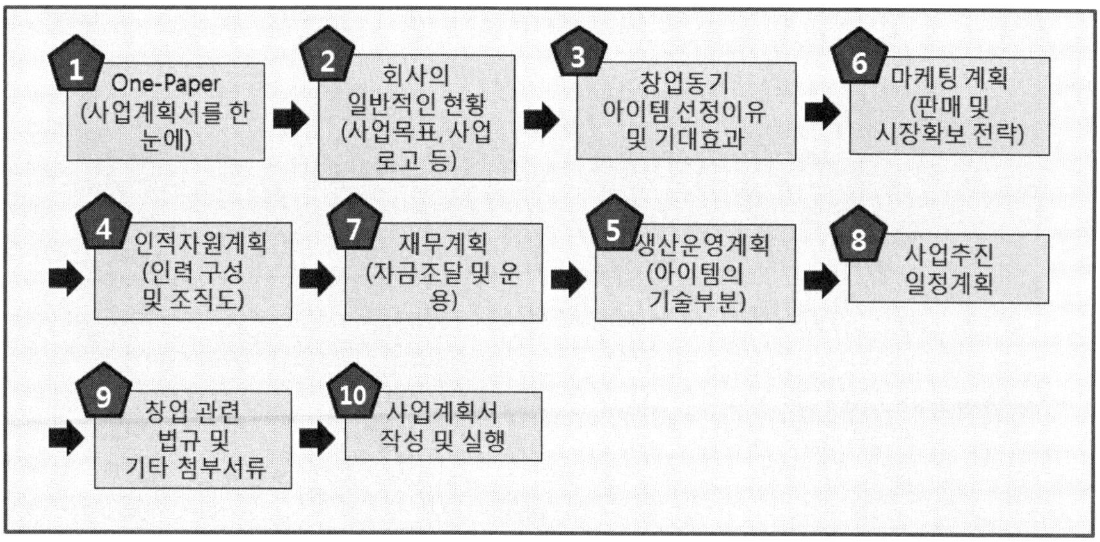


그림 6.3 사업계획서 작성절차

## 사업계획서 내용

표 6.2 사업계획서 내용

| 1. 회사현황 | | |
|---|---|---|
| 회사명 | 주소 및 연락처 | 대표자 |
| 업종 | 계획제품 | 기업형태 : 법인/개인 |
| 설립(예정)일 | 자본금 | 자산규모 |
| 종업원수 | 회사의 로고 | |
| **2. 사업계획 내용** | | |
| 주요제품 | 제품특성 | 주요용도 |
| 사업동기 | 사업목적 및 기대효과 | 제품에 대한 개요 |
| **3. 관리 및 조직** | | |
| 주요 경영진 및 기술진 | 기구조직도 | 종업원현황과 고용계획 |
| **4. 경영전략** | | |
| SWOT분석 | BCG모델 또는 GE모델 | 제품/시장 전략 |
| 제품수명주기 | | |
| **5. 계획사업추진일정** | | |
| 제품계획(상품화, 인허가,특허) | 설비투자(생산 및 연구시설) | |
| **6.재무예측자료** | | |
| 추정5개년 대차대조표 | 추정5개년 손익계산서 | 추정현금흐름표 |
| **7. 회사의 생존 가능성** | | |
| 시장의 기회 | 차별적 역량(경쟁우위) | 경영능력 |
| 재무적 이해도 | | |

Chapter 7

# 창업과 관련된 경영활동

## 7.1 마케팅 관리

### 마케팅이란?

시장(where)에서 마케터(whom)와 고객(whom)의 목적(why)을 달성하기 위해 소비자가 원하는 때(when)에 제품(what)을 제공하는 마케팅 활동을 영속해 나가는 것이라 하겠다.

### 마케팅 관리란?

경영의 정의를 경제주체가 그들의 목적을 달성하기 위하여 인적·물적 자원을 투입하여서 각 부서별로 계획·조직·조정·통제 하는 활동을 거쳐서 제품을 생산해내는 연속적인 과정이라고 정의하였다. 이 정의에 입각하여, 마케팅 관리는 마케팅 부서의 목적을 달성하기 위하여 마케팅 활동과 관련된 여러 가지 요소를 투입하여서 4P(marketing mix)라는 수단을 가지고 P·O·L·C(계획·조직·조정·통제)해가는 연속적인 과정이라고 정의할 수 있다. 따라서 마케팅 활동은 마케터와 고객 사이에서 제품을 통한 서로간의 교환(exchange)행위라고 볼 수 있겠다. 마케터는 목표시장에서 고객의 욕구를 제품을 통해서 만족시켜 줌으로써 얻게 되는 이윤창출의 목적이 서로 달성된다. 그 사이에는 마케팅 믹스(가격·제품·촉진·유통)의 수단을 통하여 계획하고 실행해 나가는 연속적인 과정이다.

# 7.2 마케팅 관리 과정

## 마케팅 관리 과정

기업은 시장에서 고객의 채워지지 않은 욕구를 발견하고, 그 틈새시장영역을 확보하기 위해서는 시장지향적인(Market-Orientation)자세를 가지고 전략을 제시해야 한다. 그러한 마케팅 관리 과정을 그림으로 표현하면 그림7.1과 같다.

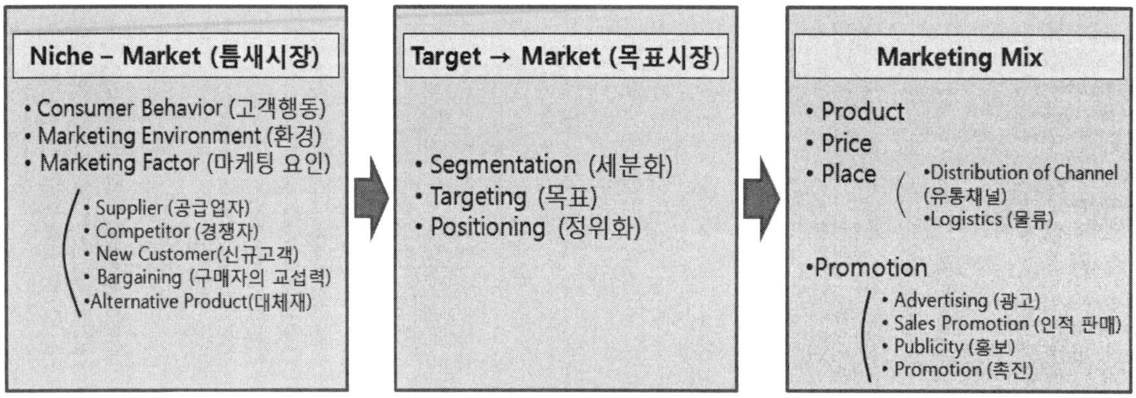


그림 7.1 마케팅 관리 과정

## 고객행동 분석

시장 환경의 변화와 더불어 빠르게 변화하는 교객의 욕구가 세분화 단계(segmentation)를 넘어서 파편화(fragmentation)된다고 할 정도로 마케팅 활동을 수행하는 마케터는 어떠한 요인들이 고객의 욕구 변화 및 행동에 영향을 미치는지를 이해하고, 정확한 분석과 더불어 전략적인 마케팅 계획을 수립해야 한다.

따라서 그림 7.1과 같이 마케팅 자극이 주어지면 고객의 욕구를 자극하고, 정보탐색 및 대안을 평가하고, 태도형성 및 구매·구매 후 행동으로 이루어지는 과정을 거치게 된다.

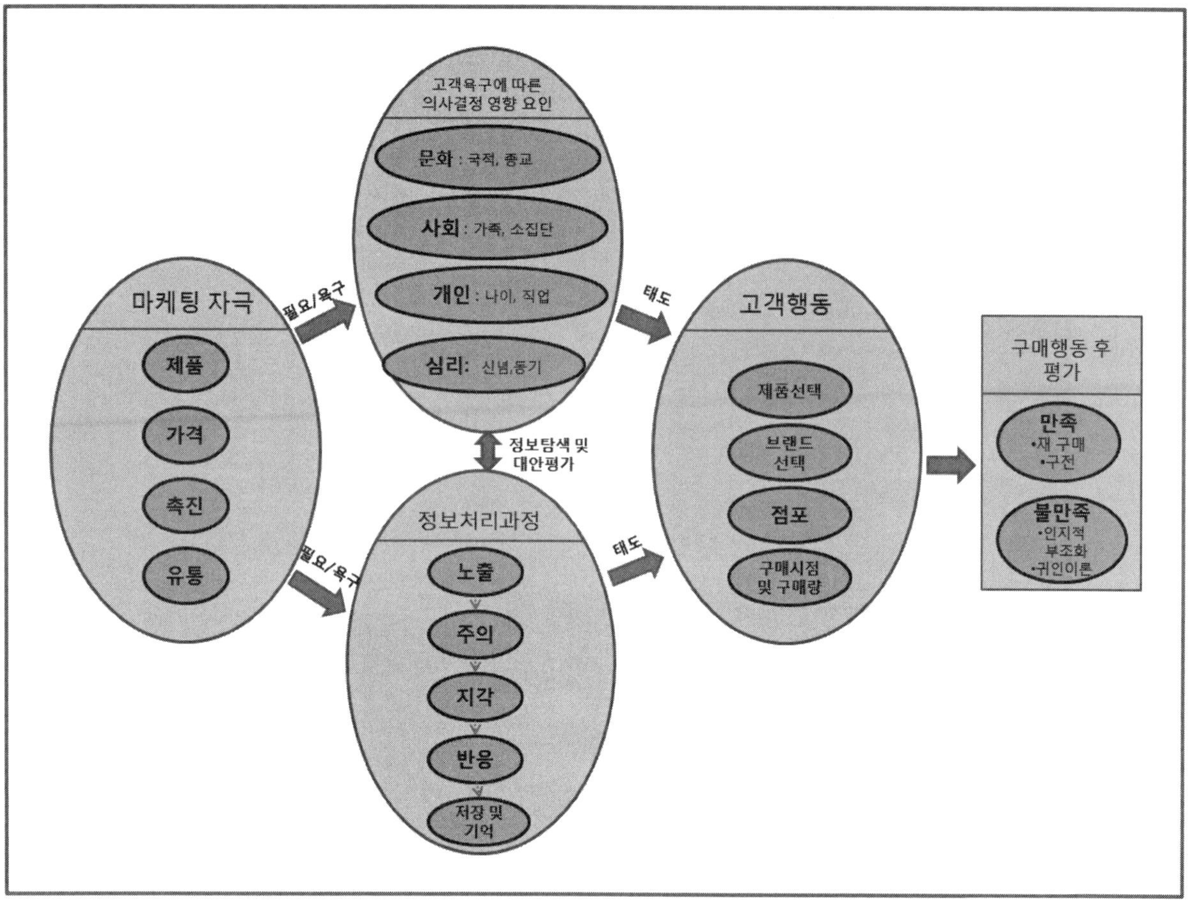


그림 7.2 고객행동 분석 모형

## 7.3 시장 세분화

기업이 파악해야 할 3C는 Company·Customer·Competitor 이다. 시장 세분화를 하는 이유는 기업이 마케팅 활동을 수행하는 데 있어서, 시장 및 고객에 대한 전략적 접근이 가능해진다. 한정된 기업의 자원을 가지고 다양하게 변하는 소비자의 욕구와 경쟁자의 진입은 마케팅 활동을 더욱 복잡하게 한다. 따라서 그 변화를 파악하여, 시장을 세분화 하고, 표적시장을 선정하여 마케팅 전략을 구사하는 것이 중요하다. 시장세분화의 기준은 지리(Geographical)·경제적(Economical)·인구 통계적(Demographical)·심리적(Psychological)·행동적(Behavioral) 기준을 들 수 있다.

표 7.1 시장세분화기준

| 인구 통계적 (Demographical) | 경제적 (Economical) | 사회·심리적 (Psychological) | 행동적 (Behavioral) | 지리적 (Geographical) |
|---|---|---|---|---|
| • 성별<br>• 나이<br>• 생애주기<br>• 종교<br>• 결혼여부<br>• 건강 및 신체적 특성 | • 소득(개인, 가계)<br>• 직업<br>• 소득원<br>• 자산(동산, 부동산) | • 라이프스타일<br>• 가족수명주기단계<br>• 개성<br>• 사회계층 | • 제품사용경험<br>• 구매 또는<br>• 사용상황<br>• 사용률<br>• 충성도<br>• 구매자의 상태<br>• 제품이나 상표에 대한 태도 | • 기후<br>• 지방<br>• 도시크기 인구밀도 |

## 표적시장 정위화(Positioning)

목표시장이 확정되면 기업은 마케팅 믹스를 사용하여 소비자의 의식에 제품의 정확한 위치를 심어주는 과정을 포지셔닝 전략이라고 한다. 포지셔닝 전략은 소비자 및 경쟁자를 분석하고 확인하여 경쟁제품의 포지션을 분석한 다음 자사제품의 포지셔닝을 개발하고, 확인한 다음 재 포지셔닝을 하는 과정을 거친다. 일반적으로 활용되어지는 포지셔닝맵(Positioning map)은 소비자의 마음속에 있는 자사제품과 경쟁제품들의 위치를 2차원 또는 3차원 도면으로 작성한 것이다.

포지셔닝 맵을 활용함으로써, 마케팅 믹스의 효과측정이 가능하며, 소비자의 기대와 이상점(Ideal point)을 파악하기 쉽고, 경쟁사의 위치파악 및 자사제품의 현 위치와 틈새시장의 파악이 가능하다. 따라서 마케터는 소비자의 이상점과 현재 제품과 기대치 사이의 갭(gap)을 줄여주어야 한다.

## 마케팅 믹스

마케팅 믹스는 기업이 표적시장으로부터 원하는 것을 달성하기 위해 통제 가능한 자극요인으로써, 효율적인 마케팅 믹스를 통해서, 고객 시장의 반응을 파악하고, 이해하여야 한다.

각각의 마케팅 믹스는 개별적으로 작용할 때 보다는 전체적인 측면에서 조화를 잘 이루어야만 마케팅활동이 훨씬 더 더 효과적이 된다.

표 7.2 Marketing Mix

<table>
<tr><th colspan="2">Product</th><th colspan="2">Price</th><th>Place</th><th>Promotion</th></tr>
<tr><td>제품 구성</td><td>◆ 브랜드(Brand)<br>◆ 디자인(Design)<br>◆ 포장(Packaging)<br>◆ 품질(Product quality)<br>◆ 특징(Product Feature)</td><td>가격결정 영향요인</td><td>◆ 소비자<br>◆ 원가<br>◆ 법적규제<br>◆ 유통경로<br>◆ 경쟁 환경</td><td rowspan="2">◆ Channel of Distribution (유통경로)<br>◆ Logistics (물류·보관·재고)</td><td rowspan="2">◆ Advertising(관리)<br>◆ Sales Person (인적판매)<br>◆ Publicity (홍보)<br>◆ Promotion(촉진)</td></tr>
<tr><td>제품유형(구매목적에 따라)</td><td>-소비재<br>선매품·편의품·전문품<br>-산업재<br>자재와 부품·소모품·설비품</td><td>가격 전략</td><td>◆ 초기고가전략 (Skimming pricing)<br>◆ 시장침투가격전략 (Penetration Pricing)<br>◆ 가격할인 (Pricing discount)<br>◆ 묶음가격 (Price Bundling)</td></tr>
</table>

## 7.3 인적자원관리

### 인적자원관리란?

진인사 대천명(盡人事待天命)이라 했다. 사람이 자신이 할 수 있는 노력을 다 한 뒤에 하늘의 뜻을 받아들여야 한다는 뜻이다. 자신에게 주어진 일을 게을리 하지 않고 성실하게 최선을 다하는 점을 강조하는 뜻이다. 인간은 혼자서 살아갈 수 없는 존재이고, 타인과의 관계 속에서 모든 일들이 진행되어진다. 특히, 조직이라는 의미는 2인 이상이 공동의 목표를 달성하기 위하여 모인 집합체라고 정의한다. 그렇다면, 개방시스템(Open-system)을 취하는 인적자원관리는 인적 자원과 노사관계로 구분되어진다.

## 인적자원관리와 노사관계

표 7.3 인적관리와 노사관계

<table>
<tr><th>인적자원관리</th><th colspan="2">노사관계</th></tr>
<tr><td rowspan="2">◆ 인적자원계획(적정인원·구인·해고 등)<br>◆ 모집 및 선발<br>◆ 교육훈련(OJT·OFFJT)<br>◆ 경력개발<br>◆ 업적평가<br>◆ 보상(연공급·직무급·직능급)<br>◆ 인원의 교체(승진·전근)<br>◆ 이직관리(사직·해고·파면·은퇴)</td><td>노동조합</td><td>◆ 직업별 노동조합(Craft union)<br>◆ 일반 노동조합(General union)<br>◆ 산업별 노동조합(Industrial union)<br>◆ 기업별 노동조합(Company union)</td></tr>
<tr><td>조합원 가입방식</td><td>◆ 클로즈드 샵(Closed shop)<br>◆ 오픈 샵(Open shop)<br>◆ 유니온 샵(Union shop)</td></tr>
</table>

인적자원관리는 기업을 운영하는데 있어서 사람과 관련된 모든 활동으로써 필요한 인원을 적당한 업무에 즉, 적재적소에 배치시키는 지혜가 필요하다. 그러기 위해서는 선발된 인원들의 개인적인 능력과 기업에 필요한 교육 및 훈련이 필요하다.

노사관계란 종업원과 경영자의 관계가 상호 대등한 관계로서 단체교섭을 통한 근로조건을 결정하게 된다. 근로조건 개선 및 종업원의 권익 보호 등을 위한 임금 근로자들로 구성되어진 조직이 노동조합이다. 우리나라의 경우는 노동조합에 가입한 조합원을 비롯해 노동조합에 가입하지 않은 비조합원도 채용이 가능한 오픈샵 방식을 취하고 있다.

무엇보다도 경영자와 종업원 양자는 호혜적 관계로서 공동의 목표를 달성시키는데 효율성(efficiency)과 효과성(effectiveness) 잇게 추구해 나가야 할 것이다. 그 기본에는 양자 간의 형평성과 투명성을 바탕으로 깊은 신뢰(trust)가 구축되어야 할 것이다.

# 7.4 재무관리

## 재무관리란?

창업의 기본요소 중에 하나인 돈과 관련된 활동이다. 돈은 경영활동 투입요소인 사람·정보·전략과 더불어 중요한 필수요소이다.

물물교환의 한계(교환의 동시성·공간성·가치성)를 극복할 수 있도록 한 것이 돈의 출현이다. 문제는 오늘날 이익과 투자를 위주로 하는 비인간적인(비윤리적) 재무활동이 두드러지고 있는 것이 현실이다. 경영활동이 가능하기 위해서는 돈과 관련된 활동이 뒷받침 되어야 한다. 즉, 자본의 운용을 효과적으로 해야만 한다. 그러기 위해서는 5W1H를 적용시키고, 소진율과 현금잔여기간, 및 결제기간 등을 고려한 전략적 재무활동이 필요하다.

## 자금흐름표와 자본조달

표 7.4 자금흐름표와 자본조달

<table>
<tr><th rowspan="2">재무제표</th><th colspan="3">자본조달</th></tr>
<tr><th>직접금융</th><th>간접금융</th><th>사업투자</th></tr>
<tr><td>◆ 대차대조표(자산·부채·자본)<br>◆ 손익계산서<br>(판매예측·매출액·매출원가상정·영업손익·당기순손익)<br>◆ 현금흐름표</td><td>◆ 주식(보통주·우선주)<br>◆ 회사채(일반사채·특수사채)</td><td>◆ 금융기관 차입<br>(은행차입·기업어음 발행)</td><td>◆ 창업자 자신<br>◆ 가족 및 친지<br>◆ 공급업체 및 신용거래<br>◆ 벤처자본<br>(Angel 투자자)</td></tr>
</table>

표 7.5 추정 대차대조표

(단위 : 천원)

| 과 목 | 1차년도 | 2차년도 | 3차년도 |
| --- | --- | --- | --- |
| 자 산 | | | |
| 1. 유 동 자 산 | | | |
| - 당 좌 자 산 | 100,000 | 120,000 | 250,000 |
| - 재 고 자 산 | 50,000 | 60,000 | 100,000 |
| 2. 투자와 기타자산 | 35,000 | 35,000 | 110,000 |
| 3. 고 정 자 산 | 90,000 | 100,000 | 300,000 |
| (자 산 합 계) | 275,000 | 315,000 | 760,000 |
| 부채. 자본 | | | |
| 1. 부 채 | | | |
| - 유 동 부 채 | | | |
| - 고 정 부 채 | 25,000 | 15,000 | 10,000 |
| - 이 연 부 채 | | | |
| (부 채 소 계) | 25,000 | 15,000 | 10,000 |
| 2. 자 본 | | | |
| - 자 본 금 | 200,000 | 200,000 | 500,000 |
| - 자본잉여금 | | | |
| - 이익잉여금 | 50,000 | 100,000 | 250,000 |
| (자 본 소 계) | 250,000 | 300,000 | 750,000 |
| (부채와자본 합계) | 275,000 | 315,000 | 760,000 |

표 7.6 추정 손익계산서

(단위 : 천원)

| 과 목 | 1차년도 | 2차년도 | 3차년도 |
|---|---|---|---|
| 1. 매 출 액 | 120,000 | 300,000 | 1,000,000 |
| - 특허변기 | 120,000 | 300,000 | 1,000,000 |
| 2. 매 출 원 가 | 400,000 | 900,000 | 250,000 |
| 3. 매출 총이익 | 80,000 | 210,000 | 750,000 |
| 4. 판매 및 일반관리비 | 20,000 | 72,000 | 250,000 |
| 5. 영 업 이 익 | 60,000 | 138,000 | 500,000 |
| 6 영업외 비용<br>(지급이자 및 할인료) | 6,000 | 20,000 | 100,000 |
| 7. 세전 순이익 | 54,000 | 118,000 | 400,000 |
| 8. 법 인 세 등 | 4,000 | 18,000 | 100,000 |
| 9. 당기 순이익 | 50,000 | 100,000 | 200,000 |

표 7.7 추정 현금 흐름표 (단위 : 천원)

| 주요항목 | 세부항목 | 금액 |
|---|---|---|
| 영업활동으로 인한 현금유입 | | |
| 1. 영업활동으로 인한 순 현금유입 | | |
| 영업활동으로 인한 현금 유출 | | |
| 2. 영업활동으로 인한 총 현금유출 | | |
| 3. 영업활동으로 인한 순 현금흐름(항목1-항목2) | | |
| 우선적 유출 | | |
| 4. 총 우선적 유출 | | |
| 재량적 유출 | | |
| 5.총 재량적 유출 | | |
| 재무활동으로 인한 현금흐름 | | |
| 6. 재무 활동으로 인한 총 현금흐름 | | |
| 현금 및 유가증권 계정의 증가 | | |
| 7. 현금 및 유가증권의 순 증가 | | |
| 기말의 현금 | | |

# 7.5 생산관리

## 생산관리란?

생산관리란, 과거에는 제조업에서의 생사활동에 국한하여 정의하였으나, 디지털 시대의 급속한 변화는 모든 조직과 연관되어 기업 전체의 통합된 개념으로 보게 되었다.

경영활동의 시스템에 입각ㄱ하여 정의를 내리면, 기업의 목표를 달성하기 위하여, 수요를 예측하고 투입된 자원을 가지고 효율적으로 관리하여 재화나 서비스로 변화시켜 산출해 내는 과정이다. 투입된 자원을 얼마나 효율성 있고, 능률적으로 결합하여, 높은 부가가치를 창출해 내는 것이 주목적이 될 것이다. 그러기 위해서는 무엇보다도 생산성 저해요인(부적절한 설계·제조방식 및 실행에 의한 손실)을 파악하고 제거하여 생산성을 향상시키는(원가절감운동·기술개발·무재해운동·자동화·품질향상·신설비 투자 등) 방법을 찾아내는 생산 공정이 중요하다.

## 생산성

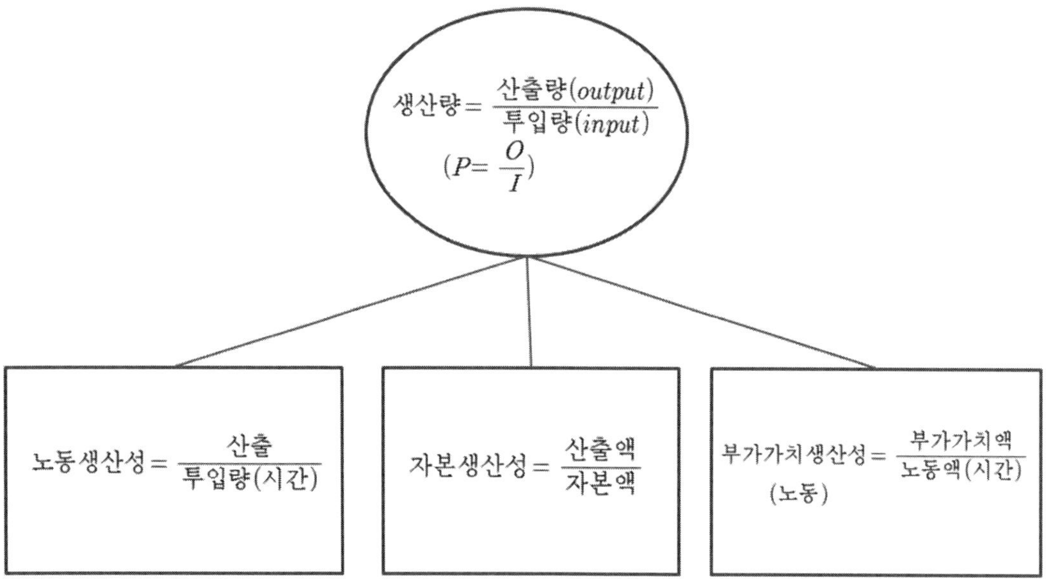


그림 7.3. 생산성(productivity)

# PART 4

# Law = legislation

Chapter 8

# 창업관련 법

## 8.1 개념적 정의 (이해)

기본적으로 법과 관련된 개념정의에 대해 이해를 돕고자 사전적 정의를 토대로 정리해 보고자 한다. (Naver 백과사전·위키백과)

### 법(Law. Recht(독))

국가권력에 의하여 강제되는 사회규범으로써 좁은 뜻으로는 일정한 조직과 절차 밑에서 제정된 법률을 말한다. 법의 본질이 규범과 사실, 정의와, 강제 등의 개념적 구분에 의해서는 다양한 견해가 있다.

종교·도덕·정의·자연법 등은 법의 이념면에서 내용적으로 관련이 되고, 정치·경제·역사 등은 실제면에서 사회적인 세력과 관련이 된다.

결국, 법은 모든 요소를 고려한 종합적인 판단이 요구된다.

### 법률(Law, act. legislation)

국회의 의견을 거쳐 대통령이 서명하고 공표함으로써, 성립하는 국법으로서 헌법의 다음단계에 놓이며, 행정부의 명령어나 입법부와 사법부의 규칙따위와 구별되어 명령규칙이 법률에 위반되며

범위내서 그 규칙이나 명령의 적용이 거부되고. 법률이 헌법에 위반되며 법원도 그 법률의 적용을 거부한다. 법률은 적용대상이 모든 사람이므로 일반적인성격을 띠고, 법률이 모든 사건에 적용되므로 추상적인 의미를 갖는다.

## 법규(Regulation = Rechtssatz(독))

일반 국민의 권리, 의무에 관계되는 법규범으로써 넓은 뜻으로는 성문의 법령(법률·명령·조례·규칙 등)을 의미하나 좁은 뜻으로는 특수한 성질을 가지는 법규범을 가리킨다.

## 시행령 (enforcement ordinance)

어떤 법률을 시행하는데 필요한 규정을 주요 내용으로 하는 명령으로써 일반적으로 대통령령으로 제정된다.

## 시행규칙(enforcement regulations)

법령의 시행에 관한 사항을 상세히 규정한 규칙으로써 대통령령의 시행에 관하여 필요한 사항을 규정한 총리령 또는 부령(部令) 따위를 말한다.

## 한시법(zeitgesets = 일시법)

일시적인 특정 사정을 위하여 일정한 유효기간을 정하여 제정되는 법률이다.

★ 창업과 관련 법 종류들을 정리해 보면 다음과 같다.

표 8.1 [21]법률 정리

| 법령명 | | 법령종류 | 공포번호 | 공포일자 | 시행일자 | 제개정구분 | 소관부처 |
|---|---|---|---|---|---|---|---|
| 중소기업 창업 지원법 | 지원법 | 법률 | 제9774호 | 2009.06.09 | 2009.12.10 | 타법개정 | 중소기업청 지식경제부 |
| | 시행령 | 대통령령 | 제21835호 | 2009.11.20 | 2009.11.22 | 타법개정 | 중소기업청. 지식경제부 |
| | 시행규칙 | 지식경제부령 | 제73호 | 2009.06.02 | 2009.06.02 | 일부개정 | 중소기업청 |
| 벤처기업 육성에 관한 특별 조치법 | 지원법 | 법률 | 제9984호 | 2010.01.27 | 2010.04.28 | 일부개정 | 중소기업청, 지식경제부 |
| | 시행령 | 대통령령 | 제21904호 | 2009.12.24 | 2010.01.01 | 타법개정 | 중소기업청, 지식경제부 |
| | 시행규칙 | 지식경제부령 | 제66호 | 2009.04.30 | 2009.05.01 | 일부개정 | 중소기업청 |
| 소기업 및 소상공인을 위한 특별 조치법 | 지원법 | 법률 | 제9890호 | 2009.12.30 | 2009.12.30 | 일부개정 | 중소기업청, 지식경제부 |
| | 시행령 | 대통령령 | 제21835호 | 2009.11.20 | 2009.11.22 | 타법개정 | 중소기업청 지식경제부 |
| 여성기업 지원에 관한 법률 | 지원법 | 법률 | 제9892호 | 2009.12.30 | 2009.12.30 | 일부개정 | 중소기업청 |
| | 시행령 | 대통령령 | 제21835호 | 2009.11.20 | 2009.11.22 | 타법개정 | 중소기업청 |
| 부가가치세법 | 지원법 | 법률 | 제9915호 | 2010.01.01 | 2010.01.01 | 일부개정 | 기획재정부 |
| | 시행령 | 대통령령 | 제22003호 | 2010.01.27 | 2010.02.01 | 타법개정 | 기획재정부 |
| | 시행규칙 | 기획재정부령 | 제62호 | 2009.03.26 | 2010.01.01 | 일부개정 | 기획재정부 |
| 상가건물 임대차보호법 | 지원법 | 법률 | 제9649호 | 2009.05.08 | 2009.05.08 | 일부개정 | 법무부 |
| | 시행령 | 대통령령 | 제21988호 | 2010.01.11 | 2010.01.11 | 일부개정 | 법무부 |

21) 국가법령정보센터(www.law.go.kr)

| 법령명 | | 법령종류 | 공포번호 | 공포일자 | 시행일자 | 제개정구분 | 소관부처 |
|---|---|---|---|---|---|---|---|
| 제조물 책임법 | 지원법 | 법률 | 제6109호 | 2000.01.12 | 2002.07.01 | 제정 | 공정거래위원회, 법무부 |
| 근로 기준법 | 지원법 | 법률 | 제9699호 | 2009.05.21 | 2009.08.22 | 일부개정 | 노동부 |
| | 시행령 | 대통령령 | 제21695호 | 2009.08.18 | 2009.08.22 | 일부개정 | 노동부 |
| | 시행규칙 | 노동부령 | 제281호 | 2007.07.24 | 2007.07.24 | 전부개정 | 노동부 |
| 고용정책 기본법 | 지원법 | 법률 | 제9792호 | 2009.10.09 | 2010.01.01 | 전부개정 | 노동부 |
| | 시행령 | 대통령령 | 제21962호 | 2009.12.31 | 2010.01.01 | 타법개정 | 노동부 |
| | 시행규칙 | 노동부령 | 제335호 | 2010.01.06 | 2010.01.06 | 전부개정 | 노동부 |
| 고용 보험법 | 지원법 | 법률 | 제9792호 | 2009.10.09 | 2010.01.01 | 타법개정 | 노동부 |
| | 시행령 | 대통령령 | 제22026호 | 2010.02.08 | 2010.02.08 | 일부개정 | 노동부 |
| | 시행규칙 | 노동부령 | 제338호 | 2010.02.09 | 2010.02.09 | 일부개정 | 노동부 |
| 특허법 | 지원법 | 법률 | 제9985호 | 2010.01.27 | 2010.07.28 | 일부개정 | 특허청, 지식경제부 |
| | 시행령 | 대통령령 | 제21917호 | 2009.12.30 | 2009.12.30 | 일부개정 | 지식경제부 특허청 |
| | 시행규칙 | 지식경제부령 | 제107호 | 2009.12.29 | 2010.01.01 | 일부개정 | 특허청 지식경제부 |
| 실용신안법 | 지원법 | 법률 | 제9371호 | 2009.01.30 | 2009.07.01 | 일부개정 | 특허청, 지식경제부 |
| | 시행령 | 대통령령 | 제21568호 | 2009.06.26 | 2009.07.01 | 일부개정 | 특허청 지식경제부 |
| | 시행규칙 | 지식경제부령 | 제76호 | 2009.06.30 | 2010.01.01 | 일부개정 | 특허청 지식경제부 |

| 법령명 | | 법령종류 | 공포번호 | 공포일자 | 시행일자 | 제개정구분 | 소관부처 |
|---|---|---|---|---|---|---|---|
| 상표법 | 지원법 | 법률 | 제9678호 | 2009.5.21 | 200907.01 | 일부개정 | 특허청, 법무부,지식경제부 |
| | 시행령 | 대통령령 | 제21582호 | 2009.06.30 | 2009.07.01 | 일부개정 | 특허청 지식경제부 |
| | 시행규칙 | 지식 경제부령 | 제80호 | 2009.06.30 | 2009.07.01 | 타법개정 | 지식경제부 특허청 |
| 디자인 보호법 | 지원법 | 법률 | 제9764호 | 2009.06.09 | 2009.07.01 | 일부개정 | 특허청 지식경제부 |
| | 시행령 | 대통령령 | 제21581호 | 2009.06.30 | 2009.07.01 | 전부개정 | 지식경제부 특허청 |
| | 시행규칙 | 지식 경제부령 | 제108호 | 2009.12.30 | 2010.01.01 | 일부개정 | 특허청 지식경제부 |
| 발명진흥법 | 지원법 | 법률 | 제9685호 | 2009.05.21 | 2009.11.22 | 타법개정 | 특허청 |
| | 시행령 | 대통령령 | 제21732호 | 2009.09.15 | 2009.09.19 | 일부개정 | |
| 저작권법 | 지원법 | 법률 | 제9785호 | 2009.07.31 | 2010.02.01 | 타법개정 | 문화체육관광부 |
| | 시행령 | 대통령령 | 제22003호 | 2010.01.27 | 2010.02.01 | 타법개정 | 문화체육관광부 |
| | 시행규칙 | 문화체육 관광부령 | 제37호 | 2009.07.24 | 2009.07.24 | 일부개정 | 문화체육관광부 |

## 8.2 중소기업 창업 지원법

(일부개정 2009.12.30 법률 제 9889호, 시행일 2010.3.31)

중소기업 창업 지원법은 중소기업의 설립 촉진 및 성장을 통한 산업구조의 발전에 기여하는 것을 목적으로 하고 있다. 중소기업을 창업한 개시일로부터 7년이 지나지 않은 창업자를 지원하는 제도로서, 중소기업이란 업종의 특성 · 상시 근로자 수 · 자산규모 · 매출액 등의 고려요인과, 그 규모가 대통령령으로 정하는 기준에 해당되어야 한다.

## 8.3 벤처기업 육성에 관한 특별 조치법

(일부개정 2010.1.27, 법률 제 9984호, 시행일 2010.4.28)〈한시법: 2017. 12.31〉

벤처기업 육성에 관한 특별 조치법은 기존 기업의 벤처기업으로의 전환과 벤처기업의 창업을 촉진하여, 원활한 산업구조 및 경쟁력을 높이는 것을 목적으로 한다. 벤처기업의 영업활동을 활성화하기 위하여 대통령령으로 정하는 지원시설을 집중적으로 입주시키는 벤처기업 집적시설(제18조) 조항과, 대학이나 연구기관이 보유하고 있는 기술의 사업화와 이를 통한 창업 촉진을 주된 업무로 하는.(제11조2항) '신기술 창업 전문회사' 조항을 눈여겨 볼일이다. 단, 산업의 구조조정을 원활히 하고, 경쟁력을 높이기 위하여 중소기업 청장이 정하는 업종을 영위하는 기업은 벤처기업에 포함하지 않는다.(전문개정 2007.8.3)

## 8.4 소기업 및 소상공인 지원을 위한 특별조치법

(일부개정 2009.12.30 법률 제 9890호)

소기업 및 소상공인 지원을 위한 특별조치법은 소기업 및 소상공인의 자유로운 기업 활동을 촉진하고, 구조개선 및 경영안정을 도모하여 균형 있는 국민경제의 발전에 기여함을 목적으로 한다.(1조) 소상공인은 소기업 중 상시 근로자 10인 미만의 사업자로서 업종별 상시근로자수 등이 대통령령이 정하는 기준에 해당하는 자를 말한다.(2조 2항) 중앙 행정기관의 장 및 특별시장·광역시장·도지사는 소기업의 경영안정을 지원하기 위하여 3년마다 소기업 지원 계획을 수립 및 시행하여야 한다.(3조 1항) 소기업에 대한 경영안정 지원을 위하여 중소기업 청장은 소기업에 대한 경영 상담 자문 및 교육사업·소기업 제품의 판매 촉진을 위한 사업·소기업에 대한 입지지원 사업·기타 소기업의 경영안정을 위하여 필요한 사업을 지원한다.

## 8.5 여성기업 지원에 관한 법

(일부 개정 2009.12.30 법률 9892호)

여성기업 지원에 관한 법은 여성기업의 활동과 여성의 창업을 적극적으로 지원하여 경제영역에서 남녀의 실질적인 평등을 도모하고 여성의 경제활동과 여성경제인의 지위 향상을 도모함으로써 국민 경제 발전에 이바지함을 목적으로 한다.(1조)

여성의 창업과 여성기업의 기업 활동을 촉진하기 위하여 자금·인력·정보·기술·판로 등의 분야에서 종합적인 지원과 사업 활동의 기회가 균등하게 보장될 수 있도록 국가 및 지방자치 단체는 노력하여야 한다.(3조) 여성의 창업지원 특례사항으로 『중소기업 창업 지원법』 제 4조 2항에 따라 창업자 및 창업지원 관련 사업을 하는 자에 대한 지원을 하는 경우 여성창업자 및 여성실적이 우수한 창업 지원 관련 사업자를 우대할 수 있다.

## 8.6 부가가치세법

(일부개정 2010.1.1 법률 제 9915호)

부가가치세법은 주된 거래인 재화의 공급에 필수적으로 부수되는 재화 또는 용역의 공급은 주된 거래인 재화의 공급에 포함되고, 주된 거래인 용역의 공급에 필수적으로 부수되는 재화 또는 용역의 공급은 주된 거래인 용역의 공급에 포함되는 것으로 본다. 사업자에 대한 부가가치세의 과세 기간은 1월 1일부터 6월 30일 까지(제1기), 7월 1일부터~ 12월 31일 까지 이다.(제2기)

## 8.7 상가건물 임대차 보호법

(일부개정 2009.5.8 법률 제 9649호)

상가건물 임대차 보호법은 상가건물 임대차에 관하여 『민법』에 대한 특례를 규정하여 국민 경제생활의 안정을 보장함을 목적으로 한다.

### ★ 임대차 건물의 등록사항 열람 내용

① 임대인·임차인의 성명, 주소, 주민등록번호

② 건물의 소재지·임대차 목적물 및 면적

③ 사업자 등록 신청일

④ 사업자 등록 신청일 당시의 보증금 및 차임, 임대기간

⑤ 임대차 계약서상의 확정일자를 받은 날

⑥ 임대차 계약이 변경되거나 갱신된 경우에는 변경·갱신된 날짜, 보증금 및 차임, 임대차 기간, 새로운 확정일자를 받은 날

★ 임대차 기간

① 임대차 기간을 정하지 아니하거나 기간을 1년 미만으로 정한 임대차는 그 기간을 1년으로 본다. 다만, 임차인은 1년 미만으로 정한 기간이 유효함을 주장할 수 있다.

② 임대차가 종료한 경우에는 임차인이 보증금을 돌려받을 때까지는 임대차 관계는 존속하는 것으로 본다.

③ 임대인은 임차인이 임대차기간이 만료되기 6개월 전부터 1개월 전까지 사이에 계약갱신을 요구할 경우 정당한 사유 없이 거절하지 못한다.( 예외의 경우는 16조 계약갱신 요구 참고)

★ 점포계약시 고려사항

① 자금일정에 대한 점검(계약금, 중도금, 잔금)

② 권리금 계약(보증인 필요, 중개인)

③ 각종 서류 확인(등기부 등본, 토지대장, 건축물 대장 등)

④ 도시개발 계획 확인(도시계획 확인원: 관할 시군,구청)

⑤ 계약서 상의 "특약"

: 점포주의 협력 조항

: 전세권 등기 또는 임차권 등기

: 부속물 이용에 대한 사항 명기(간판, 창고, 주차장, 화장실 등)

## 8.8 제조물 책임법

(제정 2000.1.12 법률 제 6109호)

제조물 책임법은 제조물의 결함으로 인하여 발생한 손해에 대한 제조업자 등의 손해보상 책임을 규정함으로써 피해자의 보호를 도모하고 국민 생활의 안전향상과 국민경제의 건전한 발전에 기여함을 목적으로 한다. 다른 동산이나 부동산의 일부를 구성하는 경우를 포함한 제조 또는 가공된 동산을 말한다. 제조업자는 제조물의 결함으로 인하여 생명, 신체 또는 재산에 손해를 입힌 자에게 그 손해를 배상하여야 한다.

## 8.9 조세 특례 제한법

(개정 2010.1.1 법률 제 9924호)

조세특례제한법은 조세의 감면 또는 중과 등 조세특례와 이의 제한에 관한 사항을 규정하여 과세의 공평을 기하고 효율적으로 수행함으로써 국민경제의 건전한 발전에 이바지함을 목적으로 한다. 대상기업은 창업중소기업 · 창업보육센터 사업자 · 창업 벤처 중소기업 등이다.

〈조세 특례의 제한 관련 법〉

- 소득세법
- 법인세법
- 상속세 및 증여세 법
- 부가가치세법
- 개별 소비세법
- 주세법
- 인지세법
- 증권거래 세법
- 국세 징수법
- 관세법
- 지방세법
- 임시 수입 부가세법
- 국제조세 조정에 관한 법률
- 금융 실명거래 및 비밀 보장에 관한 법률
- 교육세법
- 농어촌 특별세법
- 남북교류 협력에 관한 법률
- 자유무역지역의 지정 및 운영에 관한 법률
- 종합부동산세법

### ★ 소득세 또는 법인세 감면

조세특례 제한법 제 6종에 따라 소득세 또는 법인세 감면의 적용범위는 당해 사업에서(벤처기업의 경우에는 그 확인 받는 날 이후) 최초로 소득이 발생한 과세연도와 그 다음 과세연도의 개시일로부터 3년 이내에 종료하는 과세연도 까지 이다. 감면 비율은 당해 사업에서 발생한 소득에 대한 소득세 또는 법인세의 100분의 50에 상당하는 세액을 감면한다.

### ★ 등록세 면제(조세 특례 제한법 제119조 제3항)

창업일로부터 4년 이내에 취득하는 사업용 재산에 관한 등기로서, 등기일로부터 2년 이내에 재산을 정당한 사유 없이 다른 목적으로 사용 또는 처분, 임대하는 경우 면제받은 세액을 추정한다.

### ★ 취득세 면제(조세특례 제한법 제 120조 제 3항)

창업일부터 4년 이내에 취득하는 사업용 재산에 대한 취득세를 면제한다. 다만 취득일로부터 2년 이내에 당해 재산을 정당한 사유 없이 최초 사용일 부터 2년간 당해 사업에 직접 사용하지 않고 다른 목적으로 사용 또는 처분·임대하는 경우에는 면제받은 세액을 추징한다.

### ★ 재산세 감면(조세특례에 제한법 제 121조)

창업 중소기업이 당해 사업에 직접 사용하는 사업용 재산으로서 감면 비율은 창업일로부터 5년간 재산세의 100분의 50에 상당하는 세액을 감면한다.

Chapter 9

# 고용관련법

## 9.1 근로기준법

(일부개정 2009.5.21 법률 제 9699호)

근로기준법은 헌법에 따라 근로조건의 기준을 정함으로써 근로자의 기본적 생활을 보장, 향상시키며 균형있는 국민경제의 발전을 꾀하는 것을 목적으로 한다. 근로조건의 기준은 최저기준이며, 관계 당사자들이 기준을 이유로 근로조건을 낮출 수 없다. 근로조건은 근로자와 사용자가 동등한 지위에서 자유의사에 따라 결정하여야 한다. 근로자와 사용자는 각자가 단체협약·취업규칙과 근로계약을 지키고 성실하게 이행할 의무가 있다.

### 해고관련

① 사용자는 근로자에게 정당한 이유 없이 해고·휴직·정직·전직·감봉·그 밖의 징벌(부당해고)을 하지 못한다.

② 사용자는 근로자가 업무상 부상·EH는 질병의 요양을 위하여 휴업한 기간과 그 수 30일 동안 산전(産前)·사후(事後)의 여성이 이 법에 EK라 휴업한 기간과 그 후 30일동안 해고하지 못한다.

③ 사용자가 경영상 이유에 의하여 근로자를 해고하려면 긴박한 경영상(경영악화를 방지하기 위한 사업의 양도·인수·합병)의 필요가 있어야 한다.

④ 해고의 예고는 적어도 30일 전에 예고하여야 한다. 그렇지 아니할 경우는 30일분 이상의 통상 임금을 지급하여야 한다.

⑤ 해고사유와 해고 시기는 서면으로 통지하여야 한다.

⑥ 부당해고의 구제신청은 노동위원회에 신청할 수 있으며, 부당해고 등이 있었던 날부터 3개월 이내에 하여야 한다.

## 9.2 고용정책 기본법

고용정책 기본법은 근로자의 고용안정, 기업의 일자리 창출과 원활한 인력 확보를 지원하고 노동시장의 효율성과 인력 수급의 균형을 도모함으로써 국민의 삶과 질 향상과 지속가능한 경제 성장 및 고용을 통한 사회통합에 이바지함을 목적으로 한다. 사업주는 근로자를 모집·채용할 때 합리적인 이유 없이 차별을 해서는 안되며, 균등한 취업기회를 보장해야 한다.

## 9.3 고용보험법

고용보험법은 고용보험의 시행을 통하여 실업의 예방, 고용의 촉진 및 근로자의 직업능력의 개발과 향상을 꾀하고, 국가의 직업인지도와 직업소개 기능을 강화하며, 근로자가 실업한 경우에 생활에 필요한 급여를 실시하여, 근로자의 생활안정과 구직활동을 촉진함으로써 경제, 사회 발전에 이바지하는 것을 목적으로 한다.

이 목적을 이루기 위하여 고용보험 사업으로 고요안정·직업능력 개발 사업, 실업 급여, 육아 휴직 급여 및 산전 후 휴가 급여 등을 실시한다.

이 법의 적용범위는 근로자를 사용하는 모든 사업 또는 사업장에 적용한다. 다만, 산업별 특성 및 규모 등을 고려하여 대통령령으로 정하는 사업에 대하여는 적용하지 아니한다.

## 9.4 창업기업 관련 신고사항

표 9.1 창업 기업 관련 신고사항

| 내용 | 구비서류 | 관련 법률 |
|---|---|---|
| 부동산 등기<br>:관할 지방 법원 또는 등기소 | ◆ 신청서<br>◆ 등기원인 증빙서류<br>◆ 주민등록등본(대리인 신청 시 권한 증빙서류)<br>◆ 등기 의무자의 권리에 관한 등기 필증 | 부동산 등기법<br>제 40조 |
| 취업 규칙신고<br>:노동부 지방사무소 | 신고서 취업규칙 의견서 | 근로기준법<br>제 96조 |
| 사업장 설치계획 신고<br>:노동부 지방 사무소 | 신고서<br>기계설비 재치도<br>설비표시도면<br>건물 평면도 | 산업 안전 보건법<br>제48조 |
| 산업재해보험 관계 성립 신고<br>:근로복지공단 | 신고서 | 산업재해 보상 보험법<br>제12조 |
| 국민건강보험 관련 신고<br>: 국민건강 보험공단 | 신고서 | 국민건강보험법<br>제7조 |
| 고용보험관계 성립신고<br>: 근로 복지공단 | 신고서 | 고용보험법<br>제 9조 |
| 국민연금 당연 적용 사업장 해당 신고<br>:국민연금 관리공단 | 신고서 | 국민연금법<br>제19조 |

Chapter 10

# 지적재산권

지적재산권은 지적창작물에 부여된 재산권에 준하는 권리로서 산업분야의 창작물과 관련된 산업재산권과 문화예술분야의 창작물과 관련된 저작권, 그리고 반도체 배치 설계나 온라인 컨텐츠와 같은 '신지적재산권'이 있다.

## 10.1 산업재산권법

: " 산업재산권"이란 『특허법』, 『실용신안법』, 『디자인 보호법』, 『상표법』에 따라 등록된 특허권, 실용신안권, 디자인권 및 상표권을 말한다.

### 특허법

(일부개정 2010.2.4 법률 제 10012호 시행일 2010.5.5)

특허법은 발명(자연법칙을 이용한 기술적 사상의 창작으로서 고안한 것)을 보호, 장려하고 그 이용을 도모함으로써 기술의 발전을 촉진하여 산업발전에 이바지함을 목적으로 한다.

## ★ 특허발명: 특허를 받은 발명

- 특허요건은 사업상 이용할 수 있는 발명으로서 특허 출원 전에 국내 또는 국외에서 공지되었거나 대통령령이 정하는(29조 1항) 전기통신회선을 통하여 공중이 이용가능하게 된 발명을 제외하고는(29조 2항) 그 발명에 대해서 특허를 받을 수 있다.(29조)
- 특허를 받을 수 없는 발명은 공공의 질서 또는 선량한 풍속을 문란하게 하거나 공중의 위생을 해 할 염려가 있는 발명에 대하여는 제 29조 1항, 2항의 규정에도 불구하고 특허를 받을 수 없다.(32조)
- 특허를 받을 수 있는 자는 특허청 직원 및 특허심판 직원은 상속 또는 유종의 경우를 제외하고는 재직 중 특허를 받을 수 없고, 발명을 한 자 또는 그 승계인은 특허법에서 정하는 바에 의하여 특허를 받을 수 있는 권리를 가진다. 또한 2인 이상이 공동으로 발명한 때에는 특허를 받을 수 있는 권리를 공유로 한다.(34조)

## ★ 출원

- 동일한 발명에 대하여 다른 날에 그 이상의 특허출원이 있는 때에는 먼저 특허출원한 자만이 그 발명에 대하여 특허를 받을 수 있다.(선 출원)동일한 발명에 대하여 같은 날에 2인 이상의 특허출원이 있는 때에는 특허출원인의 협의에 의하여 정하여진 하나의 특허출원만이 그 발명에 대하여 특허를 받을 수 있다. 협의가 성립하지 아니하거나 협의를 할 수 없는 때에는 어느 특허출원인도 그 발명에 대해서는 특허를 받을 수 없다.(36조)
- 특허는 받고자 하는 특허출원인의 성명 및 주소, 특허출원인의 대리인이 있는 경우에는 그 대리인의 성명 및 주소나 영업소의 소재지, 발명의 명칭, 발명자의 성명 및 주소 등을 기재한 특허출원서를 특허청장에게 제출해야 한다.(42조)
- 특허권은 설정등록에 의하여 발생하며(87조 1항), 특히 설정등록일로부터 3년분의 특허료를 납부해야 하고, 특허권자는 그 다음연도부터의 특허료를 해당권리의 설정 등록 일에 해당하는 날을 기준으로 매년 1년분씩 납부하여야 한다.(79조)
- 특허권의 존속기간은 특허권의 설정등록이 있는 날부터 특허출원일 후 20년이 되는 날까지로 한다.(88조)
- 국제출원에 의한 특허출원은 『특허 협력 조약』에 의하여 국제 출원일이 인정된 국제출원으로서 특허를 받기 위하여 대한민국을 지정국으로 지정한 국제 출원은 그 국제 출원일에 출원 전으로 특허출원으로 본다.(199조)

- 벌칙에는

① 침해 죄: 특허권 또는 전용 실시권을 침해한 자는 7년 이하의 징역 또는 1억원 이하의 벌금(단, 고소가 있어야 논해짐)

② 비밀 누설 죄: 특허청 직원, 특허 심판원, 또는 그 직에 있었던 자가 그 직무상 지득한 특허출원 중의 발명에 관하여 비밀을 누설하거나 도용한 때에는 5년 이하의 징역 또는 5천만원 이하의 벌금

## 실용신안법

(2009.1.30 법률 제9371호)

실용신안법은 실용적인 고안(자연법칙을 이용한 기술적 사상의 창작)을 보호·장려하고 그 이용을 도모함으로써 기술의 발전을 촉진하여 산업발전에 이바지함을 목적으로 한다.(1조) 실용신안등록의 요건은 산업상 이용할 수 있는 물품의 형상구조 또는 조합에 관한 고안이며, 그 고안에 대하여 실용신안등록을 받을 수 있다.(4조)

- 국기 또는 훈장과 동일하거나 유사한 고안, 공공의 질서 또는 선량한 풍속을 문란하게 하거나 공중의 위생을 해할 염려가 있는 고안을 실용신안등록을 받을 수 없다.(6조)
- 실용신안 등록을 받고자 하는 자는 실용신안 등록출원인의 성명 및 주소 등을 기재한 실용신안등록 출원서를 특허청장에게 제출해야 한다.(8조) 동일한 고안에 대하여 다른 날에 2이상의 실용신안등록출원이 있는 EO에는 먼저 실용신안등록 출원한 자가 그 고안에 대해 실용신안등록을 받을 수 있다.(7조,선출원)
- 실용신안권의 존속기간은 실용신안권의 설정 등록을 한 날부터 실용신안 등록출원일 후 10년이 되는 날까지로 한다.
- 실용신안권의 효력은 실용신안권자가 업으로서 그 등록실용신안을 실시할 권리를 독점한다.
- 실용신안권의 효력이 미치지 아니하는 범위는 연구 또는 시험을 하기 위한 등록실용신안의 실시, 국내를 통과하는데 불과한 선박·항공기·차량 또는 이에 사용되는 기계·기구·장치 그 밖의 물건, 실용신안등록 출원시부터 국내에 있는 물건 등이다.

## 상표법

(일부개정 2010.2.4 법률 제 10012호, 시행일 2010.5.5)

상표법은 상표를 보호함으로써 상표 사용자의 업무상의 신용유지를 도모하여 산업발전에 이바지하고, 수요자의 이익을 보호함을 목적으로 한다. 상표란, 상품을 생산, 가공 또는 판매하는 것을 업(業)으로 영위하는 자가 자기의 업무에 관련된 타인의 상품과 식별되도록 하기 위하여 기호, 문자, 도형, 입체적 형상, 홀로그램 동작 또는 이들을 결합한 것이나 그 밖에 시각적으로 인식할 수 있는 것을 말한다.

- 상표등록을 받을 수 있는 자는 국내에서 상표를 사용하는 자, 또는 사용하고자 하는 자가 자기의 상표를 등록받을 수 있다.
- 상표등록의 요건은

① 그 상품의 보통 명칭을 보통으로 사용하는 방법으로 표시한 포장만으로 된 상표를 제외하고는 상표등록을 받을 수 있다.

② 그 상품에 대하여, 관용하는 상표

③ 그 상품의 산지·품질·원재료·효능·용도·수량·형상·가격·생산방법·가공방법·사용방법 또는 시기를 보통으로 사용하는 방법으로 표시한 포장만으로 된 상표( 산지에 한한 지리적 표시를 사용한 상품을 지정상품으로 하여 지리적 표시 단체표장등록을 받을 수 있다.)

④ 현저한 지리적 명칭·그 약어 또는 지도만으로 된 상표

⑤ 흔히 있는 성 또는 명칭을 보통으로 사용하는 방법으로 표시한 포장만으로 된 상표

- 상표등록을 받을 수 없는 상표는 상표법 제7조(참고)
- 상표등록 출원은 선출원이며, 상표등록을 받고자 하는 자가 상표 등록출원서를 특허청장에게 제출하여야 한다.

## 디자인 보호법

(일부개정 2010.2.14 법률 제 10012호 시행일 2010.5.5)

디자인 보호법은 디자인의 보호 및 이용을 도모함으로써 디자인의(물품 및 글자체를 포함하여 형상·모양·색채 등을 결합한 것으로서 시각을 통하여 미감을 일으키게 하는 것) 창작을 장려하여 산업발전에 이바지함을 목적으로 한다.(1조)

- 디자인 등록을 받을 수 있는 자는 디자인을 창작한 자 또는 그 승계인은 디자인보호법에서 정하는 바에 의하여 디자인 등록을 받을 수 있는 권리를 가진다.

- 디자인 등록의 요건은 공업상 이용할 수 있는 디자인으로서 디자인등록출원에 국내 또는 국위에서 공지되었거나 공연히 실시된 디자인을 제외하고는 디자인 등록을 받을 수 있다.
- 디자인 등록 출원은 디자인 심사등록 출원서 EH는 디자인 무심사 등록 출원서를 특허청장에게 제출하여야 한다. 출원은 선출원의 형태이다.

### 발명진흥법

(일부개정 2010.1.27 법률 제 9986호 시행일 2010.7.28)

발명진흥법은 발명(『특허법』·『실용신안법』또는 『디자인 보호법』에 따라 보호대상이 되는 발명, 고안 및 창작)을 장려하고 발명의 신속하고 효율적인 권리화와 사업화를 촉진함으로써 산업의 기술 경쟁력을 높이고, 국민경제 발전에 이바지함을 목적으로 한다.(1조) 정부는 매년 발명의 진흥을 위한 종합시책(국민의 발명에 대한 인식의 향상, 발명활동의 진작과 발명성과의 권리화 촉진·우수 발명의 이전 알선과 사업화 촉진, 그 밖에 발명진흥을 위하여 필요한 사항 등)을 수립·시행하여야 한다. 발명의 날을 매년 5월19일로 정하여 발명진흥을 위한 기념행사를 개최한다.

## 10.2 저작권법

(일부개정 2009.7.31 법률 제 9785호)

저작권법은 저작자의 권리와 이에 인접하는 권리를 보호하고 저작물(인간의 사상 또는 감정을 표현한 창작물)의 공정한 이용을 도모함으로써 문화 및 관련 산업의 향상발전에 이바지함을 목적으로 한다.

저작권의 권리보호 기준은 저작자가 생존하고 있는 동안과 사망 후 50년간 지속된다. 저작권의 보호 대상은 문학·학술·예술의 범위에 속하는 창작물이며, 그 권리는 창작이 완성되는 즉시 발생한다. 저작권 보호 대상에서 제외되는 저작물은 아이디어(창작활동의 가장 기초역할), 관공문서(헌법·법률·법원판결·고시·공고·명령), 시사보도(단순 시사보도에 한함)등이 제외대상 저작물이다.

저작권의 종류에는 저작 인접권·저작인력권(공표권· 성명표시권· 동일성유지권)·저작재산권(복제권· 배포권· 2차적 저작물의 작성권· 공연권· 공중 송신권)등이 있다. 저작권 침해에 대한 구제 방법으로는 침해정지 및 예방청구, 가처분 신청, 손해배상 청구, 명예회복 청구, 형사처벌 등이 있다.

## 10.3 신 지적재산권법

전 세계는 국가경쟁력을 확보하기 위해, 지적재산에 대한 선점을 확보하고자 노력 및 투자를 하고 있다. 신 지적재산권은 기존의 지적재산권 체계로는 보호하기 어려운 경우가 많고 나라마다 보호범위·방식이 다르다. 최근에 지적재산권이라는 용어대신 지식재산권이란 용어를 사용하는 데, 실제적으로 특허청에서는 1998년 특허행정 정책 자문 위원회의 심의 결과 지식재산권으로 고쳐 사용하고 있다. 그러나 2007년 한미 FTA협정문 제 18장에는 지적재산권이라는 용어를 사용하고 있다. 우리나라는 문화체육관광부·농림 수산식품부·정보통신부 등이 지적재산권과 관련이 있는 부처로서, 이들 부처는 지적 재산권으로 표현하고 사용하고 있다.

지적재산권에 대한 통일된 기본 법률은 아직 나와 있지 않으며, '지식재산 기본법' 이라는 법안이 제출되어있는 상태이다. 어쨌든, 과학기술의 발달은 새로운 지적 창작물이 나타나게 되는데 전통지적재산권의 범주에 속하지 않는 경제적으로 가치가 있는 지적 창작물을 분류해 놓은 것이다. 신 지적재산권의 종류로는 반도체 직접 회로 배치설계·컴퓨터 프로그램·온라인 가치디지털 컨텐츠· 데이터 베이스· 인터넷 도메인 가치네임·영업비밀·생명공학 발명·전통지식 및 기능·식물 신품종, 캐릭터에 관한 권리(상품화권), 프랜차이즈 등이다.

# PART 5

# Winner takes it all.

# 11.1 핵심성공 요인(Core Key Factor)을 찾아내자.

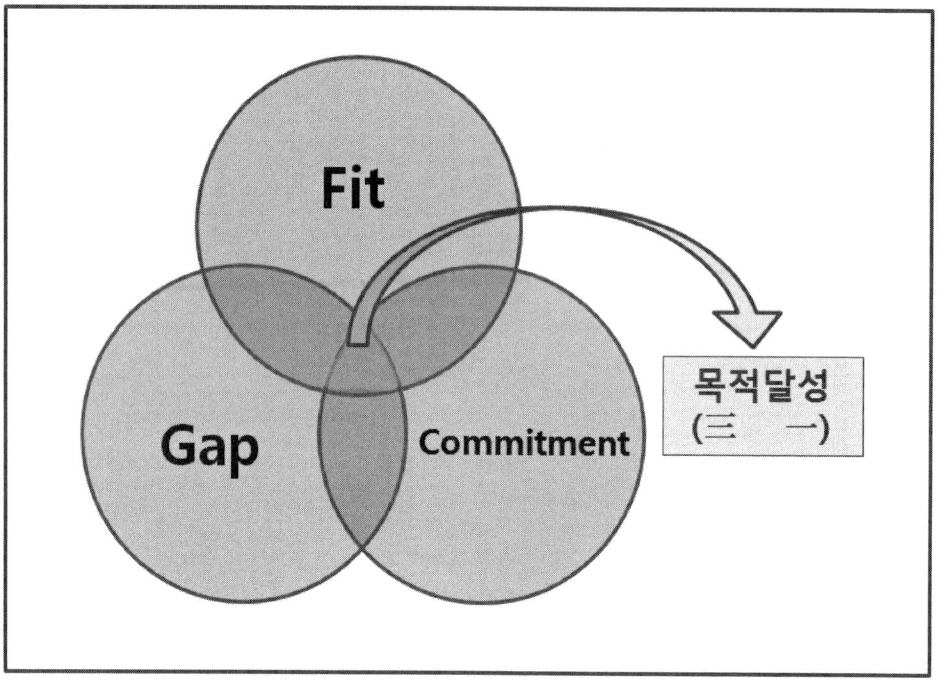


그림 11.1 핵심성공요인

〈Fit〉

Fit은 모양 · 크기가 어떤 사람 · 사물에 맞다 는 뜻이다.

개인은 태어날 때부터 지닌 본성과 후천적으로 학습되어져 터득된 그 무언가를 가지고 있는데 그것을 개인적인 특성(성격, 장점 및 단점, 소질 또는 재능)이라고 한다. 사회적으로는 교육을 통해서 개인적인 특성이 개발되어질 때 그것을 역량이라는 표현을 한다. 개인/조직이 자신들의 목적을 달성하기 위해서는 각자의 특성들을 발견해 내고, 개발시켜서, 목적에 맞게끔 수정시키고 보완하는 작업을 할 필요가 있다. 하지만 그것은 자신이 불만족을 느끼면서까지 할 필요는 없는 것이다. 입는 옷이나 신발도 자신의 사이즈에 딱 맞을 때 가장 멋있고 아름다운 것처럼, 자신이 행복 · 만족 할 수 있는 최적의 조건 ,즉 자신이 즐거움을 느낄 수 있고 자아실현을 추구할 수 있는 자신에게 꼭 맞는(fit) 요인을 찾아내어서 서로에게 공유하는 것이야 말로 가장 오래 갈 수 있는 key factor일 것이다.

## 〈Gap〉

Gap은 공간적 틈, 시간적 공백, 사람 · 의견 등을 가르는 격차(gap)를 뜻한다.

어떤 사건이나 상황 속에서 사람들은 그것들을 해결하기 위한 의사결정을 내려야한다. 구성원들이 문제를 해결하는 과정 속에서 한 마음 한뜻을 가지고 공동의 목적달성을 위한 올바른 의사결정을 내린다는 것은 무척이나 힘든 일이다. 그 이유는 바로 구성원들 개인에 따른 격차(gap)가 있기 때문이다. 긍정적으로 표현하면 개성, 차별성, 독특함이라고 한다. 한 가지 목적을 달성하기 위해서는 그 각각의 다른 특징들을 인정해 주고 서로 배려하며 때로는 포기해야 하는 부분은 과감하게 포기할 줄 아는 용기도 필요하겠다.

## 〈Commitment〉

Fit과 Gap이 개인/조직 간의 차이점 또는 공동의 목표를 달성하기 위하여 극복해 나가야 할 것들이라면 Commitment(몰입, 헌신)은 Fit과 Gap을 극복할 수 있는 가장 좋은 수단이라고 볼 수 있다. 그 이유는 Commitment의 개념적 정의를 볼 때 어떠한 일이나 조직에 대한 강한 신념 또는 자신이 원하는 무엇인가를 꼭 달성하겠다는 의지로 표현된다.

따라서 Commitment는 서로 다른 두 Key-Factor 들을 하나로 묶어내어 목적달성에 이르게 하는 통합적 요인으로 작용한다고 할 수 있겠다.

결국 핵심성공요인인 Fit · Gap · Commitment를 구성하고 있는 개념들을 찾아내고, 그것을 한 가지 목적을 달성하는 것에 통합 할 수 있는 능력을 계발해 내는 것이 가장 중요한 요소라고 하겠다.

개인이나 조직이 그들의 목적을 달성했던 성공요인들을 요약정리 해 보면 다음 표와 같다.(2008년~2010년 2월까지 네이버 통합검색 및 뉴스를 중심으로)

표 11.1 Core key factor

| 구분· | Core key factor | | | 기타 |
|---|---|---|---|---|
| CRM(Customer Relationship Management) | 올바른 고객 | 올바른 상품 | 올바른 판매채널 | Marketing Insight (Silver Bullet) |
| 인터넷 사업 | 컨텐츠 | 내부운영체계 | 마케팅 | |
| 계량경제학 | 통계학 | 경제이론 | 수학 | |
| Exit Strategy (출구전략) | 통화 | 재정 | 구조조정 | |
| Nudgy Security (넛지효과) | 기술고도화 | 법 · 제도 선진화 | 인터넷문화의 고도화 | |
| Global Brand | 기술 | 품질 | 디자인 | |
| Emotional Design | 감성 | 행동 | 사고 | |
| 저출산 | 정부지원 | 기업배려 | 가정협력 | |
| 삼성전자 반도체, LCD, TV | 경영진의 빠른 결단 | 과감한 투자 | 쉼 없는 기술개발 | 40년 1위제품 11개 |
| 올림픽경기 | 종교 | 예술 | 군사훈련 | |
| 요가 | 호흡 | 동작 | 정신집중 | |
| 사이클링 | 스포츠 | 레저 | 건강 | |
| 연극 | 작가 | 배우 | 관객 | |
| 서양의 해적(십자군전쟁 당시) | 전쟁 | 무역 | 해적 | |
| 중국의 서예 | 시(詩) | 서(書) | 화(畵) | |
| 학교에서의 도덕교육 | 사회 | 가정 | 학교 | |
| 건강수명 | 정신적 건강 | 영양섭취 | 운동 | |
| 김연아 | 파워 | 정신 | 기술 | |

## 11.2 Truthful

세 가지의 성공 Key Factor들을 기반으로 개인/조직들의 능력을 최대로 끌어낼 수 있는 가장 좋은 방법은 이들 간의 trust(신뢰)를 구축하는 것이다. 구성원들 간의 이해관계가 조정되어 지면서 형성되는 만족감의 반복되는 결과물은 이들 사이의 강한 신뢰감의 형태로 나타나게 된다. 이것은 높은 시너지 효과를 창출 하게 되고  활발한 경영활동을 통한 기업의 긍정적인 결과를 가져온다. 마찬가지로 고객과의 관계 또한 그들의 변화되는 욕구를 충족시켜 줄 수 있는 제품 및 서비스를 제공해야한다. 그것은 고객으로 하여금 신뢰가 형성되는 시작일 뿐만 아니라 고객의 기대수준을 넘어서는 고객감동을 일으켜야 하고 제품 및 서비스에 대한 지속적인 로열티가 형성되는 양자간의 Commitment의 형태로 장기적인 관계를 유지해야한다.

결국, 좋은 이미지(브랜드, 기업)로 형성이 됨으로써 성공요인으로 작용하게 된다.

## 11.3 Ethics

사람이 지켜야 할 도리 또는 바람직한 행동기준을 윤리라고 한다. 그 기준의 눈높이는 개인마다 다르지만 보편적으로 옳고 그름을 판단 해 주는 행동양식이나 가치관을 의미할 것이다. 꼭 법에 저촉이 되지 않는다고 그것이 윤리적이라고는 할 수 없는 것이다. 예로써 기업이 고객을 배려하지 않는 전략이나 종업원들의 불성실한 태도나 행동으로 인하여 고객이 강한 불만을 느꼈다면 그것은 비윤리적이라고 할 수 있다.  최근에는 온라인상에서의  마케팅이 발전됨에 따라서 기업의 제품·서비스에 대한 고객들의 긍정적/ 부정적 구전효과는 급속도로 확산되고 기업 경영활동에 큰 영향을 미칠 수 있다. 고객은 내부고객과 외부고객으로 구분 해 볼 수 있는데 내부고객(종업원)에 대한 윤리의식도 중요하다. 내부고객을 가족처럼 대하여 그들 스스로 기업의 발전에 노력하는 동기를 부여시키는 인간적인 경영활동에 바탕을 두는 것이 경영자에게 큰 도움이 된다. 자신이 근무하는 회사의 이익이 곧 자신과의 이익과 직결된다는 믿음이야 말로 기업의 성공에 영향을 미치는 큰 요인이 된다.

외부고객은 일반적으로 말하는 제품에 대한 구매고객을 의미한다. 일회성의 제품 판매로 단절되는 그런 얄팍한 관계가 아니라 고객에 대한 정보 수집 및 데이터베이스를 활용한 장지적인 고객관계 관리를 함으로써 제품이나 서비스에 만족의 정도를 계속해서 유지해 나가는 것이 성공요인이라 하겠다. 따라서 기업가는 단 한 사람의 고객으로 부터의 두터운 신뢰의 시작은 그 기업에 대한 긍정적 구전효과를 발생하므로 앞으로도 많은 잠재고객을 확보하게 될 것이다. 그러나 반대의 경우도 잊어서는 안 될 것이다. 이익을 추구한 지나친 목표설정으로 인한 기업의 비윤리적 행동은 현실에서는 순간적인 이익이 될지는 몰라도 장기적인 미래의 발전은 기대 해 볼 수 없기 때문이다.

# PART 6

# Bring it on

## 12.1 회사 현황

| 회 사 명 | | | |
|---|---|---|---|
| 대 표 자 | | | (사진) |
| 주 소 | | | |
| 업 종 | | | |
| 계획제품 | | 자산규모 | |
| 기업형태 | | 설립예정일 | |
| 자 본 금<br>(예정) | | 종업원 수 | |
| 명 함 | | | |
| Logo | | | |

## 12.2 사업계획 내용

### 사업동기 :

### 사업목직 :

### 사업 기대효과

| 구 분 | 창업 1차년도 | 창업 2차년도 | 창업 3차년도 | 비고 |
|---|---|---|---|---|
| ① 고용효과 | | | | |
| ② 소득증대 효과 | | | | |

### 제품 소개 및 제품 설명 :

### 투자계획

<table>
<tr><th colspan="2">투자계획</th><th colspan="2">자금 조달 계획</th></tr>
<tr><td>구 분</td><td>금 액</td><td>자기자본</td><td></td></tr>
<tr><td rowspan="4">시설자금</td><td rowspan="4"></td><td rowspan="3">차입자본</td><td rowspan="3"></td></tr>
<tr></tr>
<tr></tr>
<tr><td rowspan="3">투자 유치비</td><td rowspan="3"></td></tr>
<tr><td rowspan="4">운전자금</td><td rowspan="4"></td></tr>
<tr></tr>
<tr><td rowspan="3">기타</td><td rowspan="3"></td></tr>
<tr></tr>
<tr><td rowspan="4">계</td><td rowspan="4"></td></tr>
<tr><td rowspan="3">계</td><td rowspan="3"></td></tr>
<tr></tr>
<tr></tr>
</table>

## 12.3 관리 및 조직

기구조직도

예)

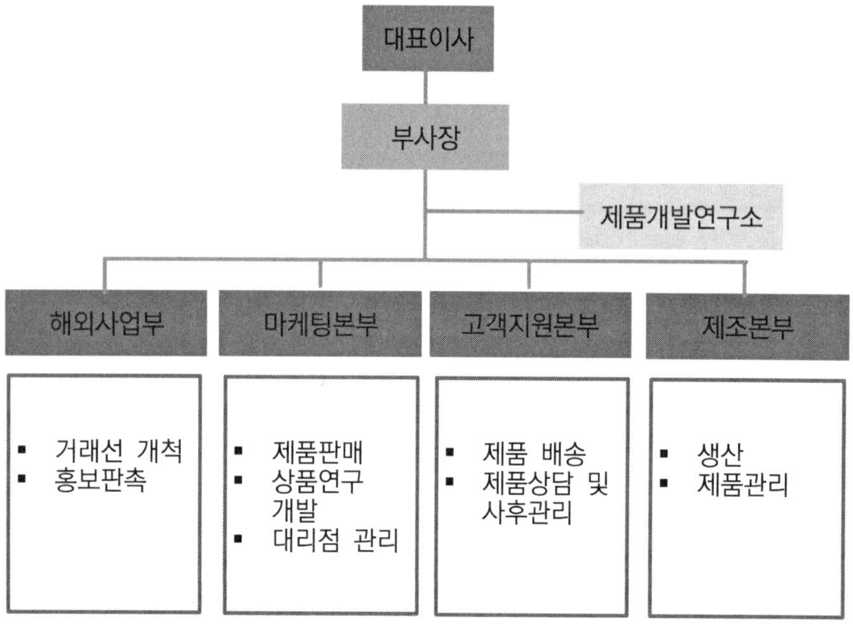

해보기)

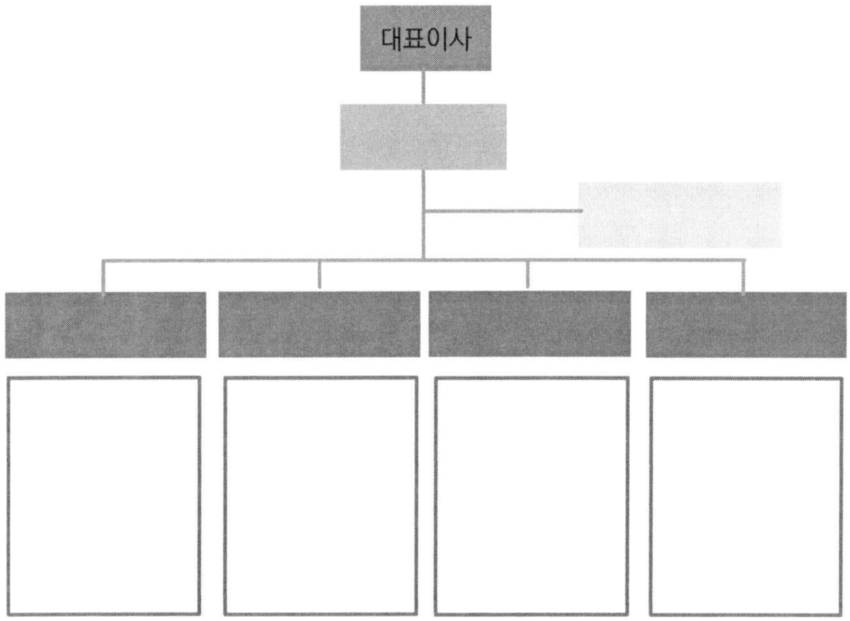

## 주요 경영진 및 기술진

| 성명 | 직위 | 나이 | 학력사항 |
|---|---|---|---|
| | | | |
| | | | |
| | | | |
| | | | |

## 종업원 현황과 고용계획

| 성명 | 담당 | 나이 | 학력사항 |
|---|---|---|---|
| | | | |
| | | | |
| | | | |
| | | | |

MEMO

## 12.4 경영전략

### SWOT 분석

| | 강점(S) | 약점(W) |
|---|---|---|
| 기회(O) | SO 전략<br>·<br>·<br>· | WO 전략<br>·<br>·<br>· |
| 위협(T) | ST 전략<br>·<br>·<br>· | WT 전략<br>·<br>·<br>· |

### BCG모델 또는 GE 모델

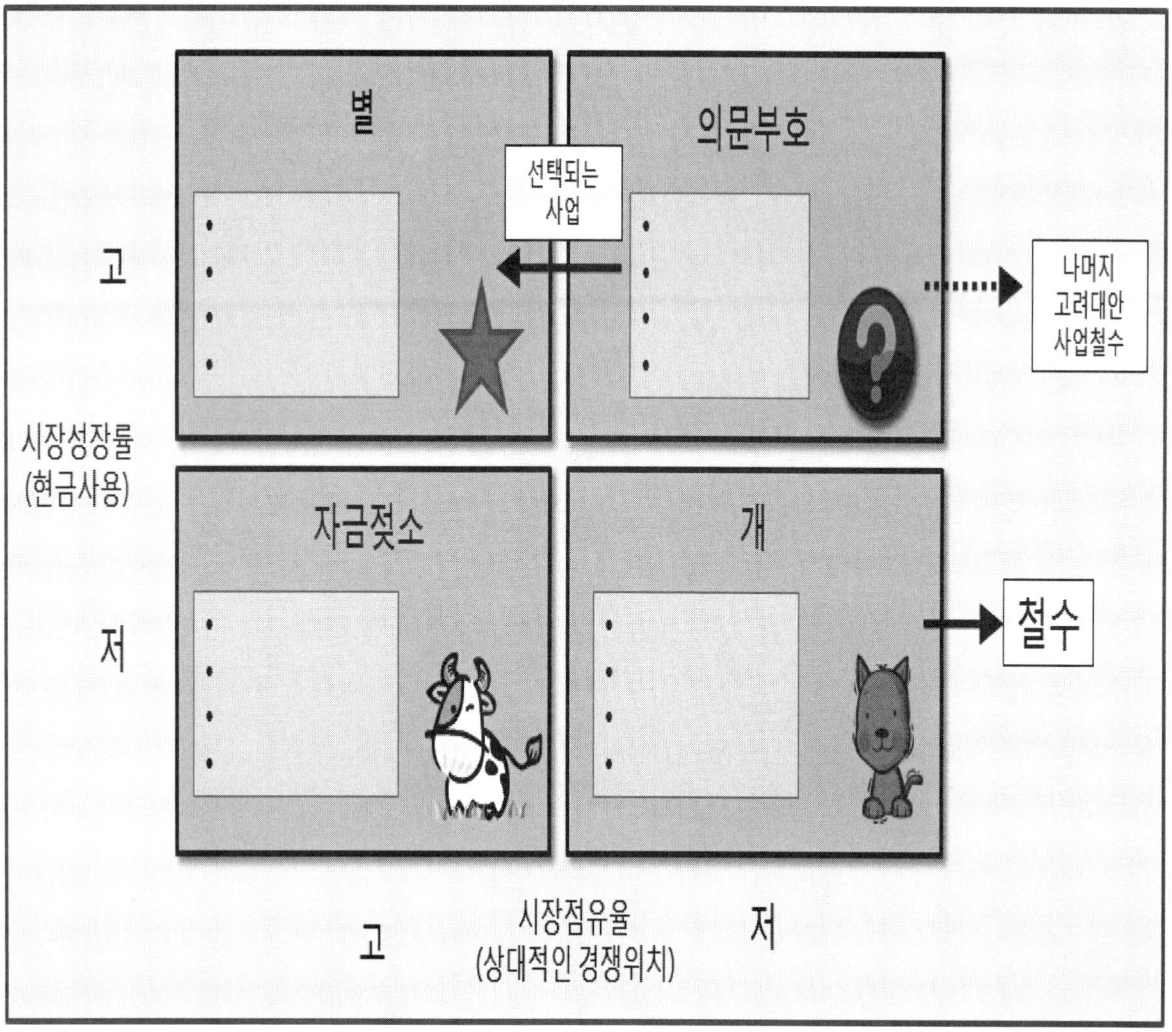

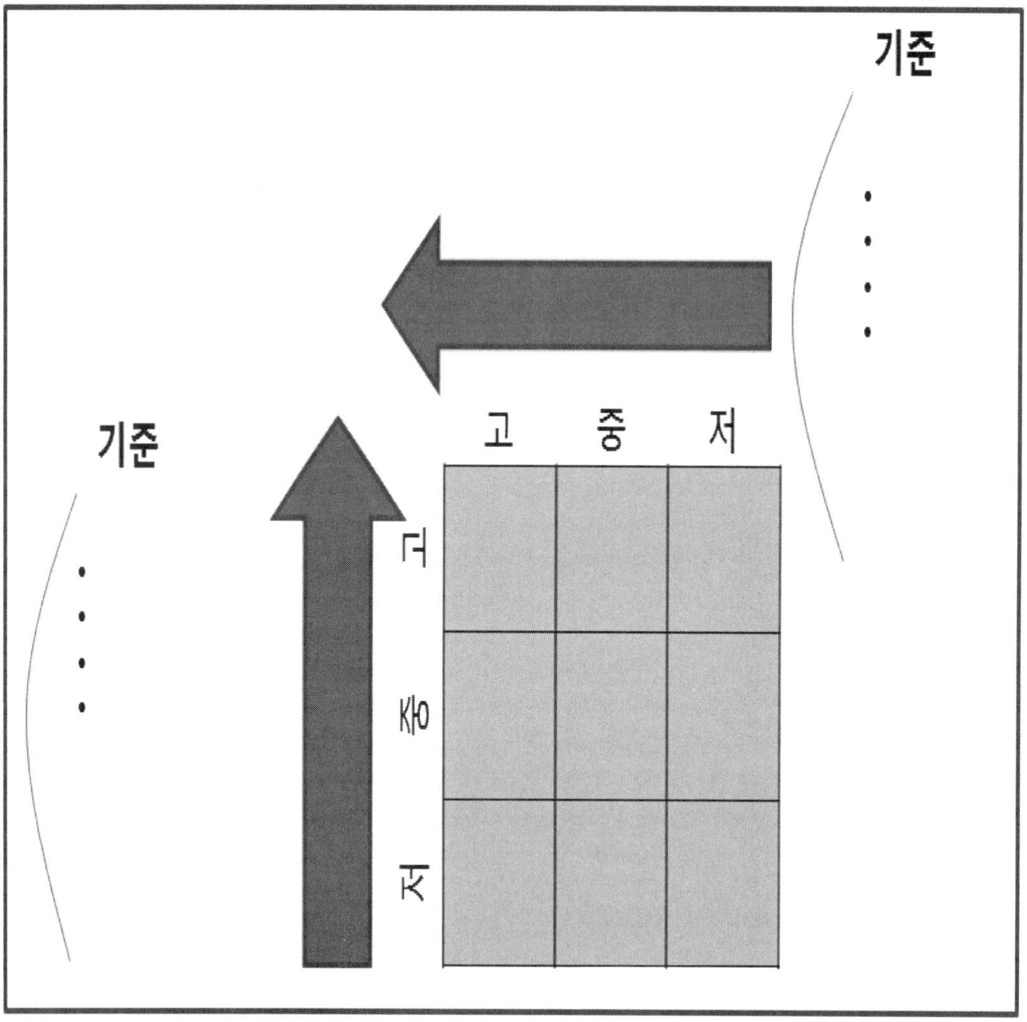
기준
·
·
·
·
고
중
저
기준
·
·
·
·
고
중
저

## 제품 수명주기

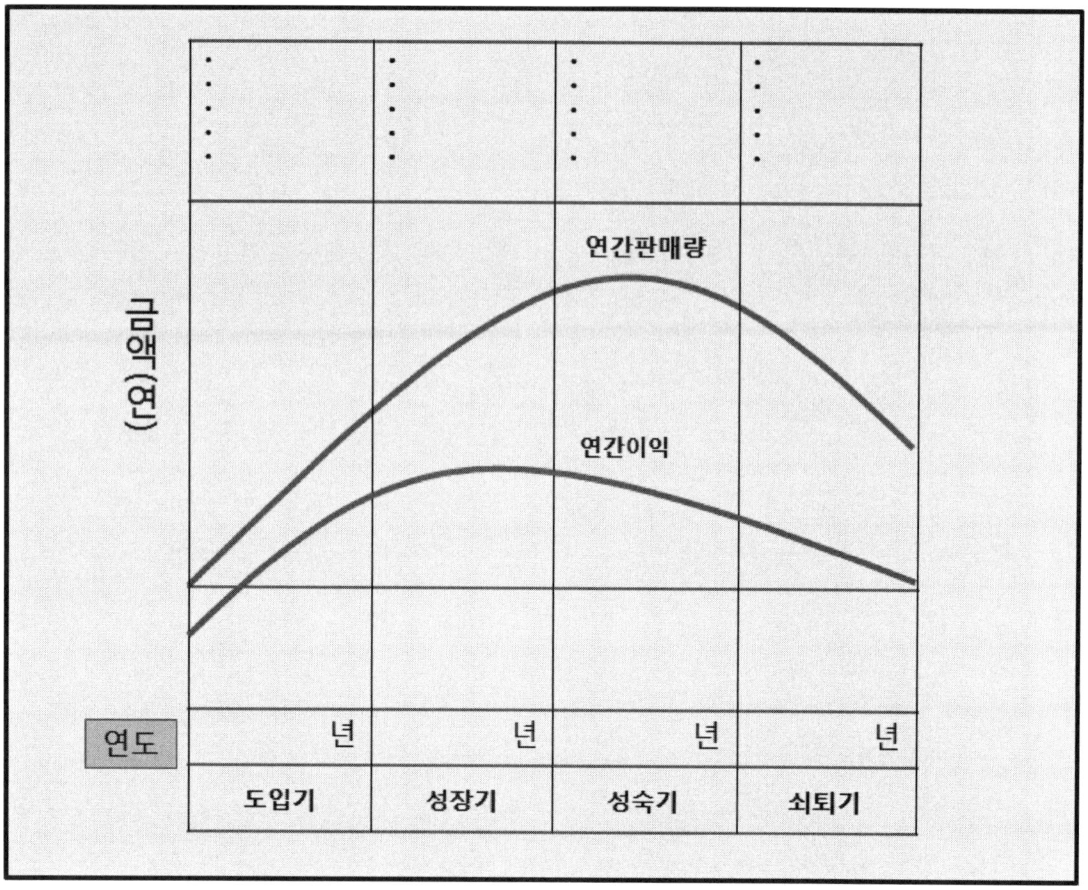

## 12.5 계획사업추진일정

| 구분 | 세부 내용 | 2010 | 2011 | 2012 | 2013 | 2014 | 2015 |
|---|---|---|---|---|---|---|---|
| 제품 개발 (상품화, 인허가, 특허) | | | | | | | |
| | | | | | | | |
| | | | | | | | |
| | | | | | | | |
| 설비 투자 (생산 및 연구 시설) | | | | | | | |
| | | | | | | | |
| | | | | | | | |
| | | | | | | | |
| | | | | | | | |
| | | | | | | | |
| 연구 인력 확충 | | | | | | | |
| 수출 | | | | | | | |
| | | | | | | | |
| 주식공개 | | | | | | | |

## 12.6 재무예측자료

추정 5개년 대차대조표 (단위 : 천원)

| 과　　목 | 1차년도 | 2차년도 | 3차년도 | 4차년도 | 5차년도 |
|---|---|---|---|---|---|
| 자 산<br>1. 유 동 자 산<br>- 당 좌 자 산<br>- 재 고 자 산<br><br>2. 투자와 기타자산<br><br>3. 고 정 자 산 | | | | | |
| (자 산 합 계) | | | | | |
| 부채. 자본<br>1. 부　채<br>- 유 동 부 채<br>- 고 정 부 채<br>- 이 연 부 채 | | | | | |
| (부 채 소 계) | | | | | |
| 2. 자　본<br>- 자 본 금<br>- 자본잉여금<br>- 이익잉여금 | | | | | |
| (자 본 소 계) | | | | | |
| (부채와자본 합계) | | | | | |

추정 5개년 손익계산서 (단위 : 천원)

| 과 목 | 1차년도 | 2차년도 | 3차년도 | 4차년도 | 5차년도 |
|---|---|---|---|---|---|
| 1. 매 출 액 | | | | | |
| 2. 매 출 원 가 | | | | | |
| 3. 매출 총이익 | | | | | |
| 4. 판매 및 일반관리비 | | | | | |
| 5. 영 업 이 익 | | | | | |
| 6 영업외 비용<br>(지급이자 및 할인료) | | | | | |
| 7. 세전 순이익 | | | | | |
| 8. 법 인 세 등 | | | | | |
| 9. 당기 순이익 | | | | | |

추정현금흐름표 (단위 : 천원)

| 주요항목 | 세부항목 | 금액 |
|---|---|---|
| 영업활동으로 인한 현금유입 | | |
| 1. 영업활동으로 인한 순 현금유입 | | |
| 영업활동으로 인한 현금 유출 | | |
| 2. 영업활동으로 인한 총 현금유출 | | |
| 3. 영업활동으로 인한 순 현금흐름(항목1-항목2) | | |
| 우선적 유출* 추정 5개년 손익계산서(단위 : 천원) | | |
| 4. 총 우선적 유출 | | |
| 재량적 유출 | | |
| 5.총 재량적 유출 | | |
| 재무활동으로 인한 현금흐름 | | |
| 6. 재무 활동으로 인한 총 현금흐름 | | |
| 현금 및 유가증권 계정의 증가 | | |
| 7. 현금 및 유가증권의 순 증가 | | |
| 기말의 현금 | | |

## 12.7 회사의 생존 가능성

| 시장의 기회 | |
|---|---|
| 차별적 역량(경쟁우위) | |
| 경영능력 | |
| 재무적 이해도 | |
| 투자가치 | |

## 12.8 회사의 생존가능성

MEMO

## 12.9 관련법규

MEMO

## 12.10 기타

MEMO

# 참고문헌

〈1〉 이상문 외(2007) "벤처창업과 성장전략" 박영사pp23~24.
〈2〉 김규태. "창업경영과실무" 형설출판사. p17.
〈3〉 Joseph A.Schumpeter,(1934,1938) "The Theory of Economic Development : An Inquiry into profits, capital, credit, interests, and the business cycle"(New Brumswick is Transation ) p66
〈4〉 Baumback, C. M.(1985) "How to Org. & Oper". a Small Bus. 7th ed. Prentice Hall
〈5〉 김영문(2009), "한권으로 끝내는 창업길라잡이 창업학", 법문사
〈6〉 John Case,(1989) "The Origins of Entrepreneurship" Inc.p54
〈7〉 정승화(2007), "벤처창업론 -부창출 경영의 이론과 실제". p3
〈8〉 Joseph A. Schumpeter,(1942, 1976) "Capitalism, Socialism and Democracy" (NewYork: Harper): 83.132
〈9〉 영화 〈불편한 진실〉 "지구를 사랑하는 10가지 방법"
〈10〉 통계청 (www.kostat.go.kr)
〈11〉 중소기업청 (www.smba.go.kr)
〈12〉 자료원: 이강원, 실전창업, 더난, p.176(2002)
〈13〉 Pearce, J.A., and R.B.Jr., Robinson.(1997) "Formulation.Implementation, and Control f Competitive Strategy 6Thed.", Richard D. Irwin
〈14〉 R.Wayne Mondy & Shane R.(2001)" Premeaux", Prentice-hall p.107
〈15〉 Don Hellriegel. Susan E.Jackson & John w . Slocum, Jr., Management(2002) : "A Competency - Based Apporach" ( Cincinati. Ohio : South - Western). p.58
〈16〉 Daniel Katz and Robert.LKahn,(1966) "The Social Psychology of Organizations" (New York ; John Wiley & Son), pp 19-26.
〈17〉 예스폼 (www.yesform.com)
〈18〉 Porter, M.E.,(1980)"Competitive Strategy: Creating and Sustaining Superior Performance", New York: Free Press.
〈19〉 이한검, 경영정책·전략론. 1998.
〈20〉 H.lgor Ansoff,(1989) "Corporate Strategy", Harmondsworth, p5.
〈21〉 Michael E.Porter. (1980) "Competitive Strategy", The Free Press, pp41-42.
〈22〉 이상문,유상진,홍관수 공저,(2001) "벤처창업과 성장전략".
〈23〉 국가 법령 정보 센터 (http://www.law.go.kr/)

저자 소개

**강봉희** : 삼위일체 경영연구소 대표

**김미혜** : 충북대학교 컴퓨터공학과 교수

## 공학도를 위한 창업과 경영

2010년 3월 15일 초판 인쇄

2010년 3월 20일 인쇄 발행

저 자 강봉희, 김미혜

발 행 인 송기수

발 행 처 도서출판 **GS인터비전**

편 집 처 도서출판 **GS인터비전**

인 쇄 처 삼성문화사

등록번호 제 2008 - 27호

I S B N 978-89-93668-53-7 (92560)

주 소 서울 중랑구 묵동 신도브래뉴 1차 102동 1301호

전 화 **02-976-7898, 0707-720-7898**

팩 스 02-6468-7898

E-Mail gsinter7@chol.com

**정 가 10,000원**